Friedbert Aspetsberger, Erich Wolfgang Partsch (Hrsg.)

Mahler-Gespräche

Rezeptionsfragen – literarischer Horizont – musikalische Darstellung

Friedbert Aspetsberger, Erich Wolfgang Partsch (Hrsg.)

Mahler-Gespräche

Rezeptionsfragen – literarischer Horizont –
musikalische Darstellung

StudienVerlag
Innsbruck
Wien
München
Bozen

Gedruckt mit Unterstützung durch das Bundesministerium für Bildung, Wissenschaft und Kultur, das Bundeskanzleramt und die Universität Klagenfurt.

© 2002 by StudienVerlag Ges.m.b.H., Amraser Straße 118, A-6020 Innsbruck
e-mail: order@studienverlag.at
homepage: www.studienverlag.at

Buchgestaltung nach Entwürfen von Kurt Höretzeder/Circus, Innsbruck
Satz: Andrea Rupp
Umschlag: Studienverlag/Karin Berner
Umschlagfoto: van Pelt Library, University of Pennsylvania, Philadelphia

Gedruckt auf umweltfreundlichem, chlor- und säurefrei gebleichtem Papier.

Bibliografische Information Der Deutschen Bibliothek

Die Deutsche Bibliothek verzeichnet diese Publikation in der Deutschen National-
bibliografie; detaillierte bibliografische Daten sind im Internet über <http://dnb.ddb.de>
abrufbar.

ISBN 3-7065-1799-X

Alle Rechte vorbehalten. Kein Teil des Werkes darf in irgendeiner Form (Druck, Foto-
kopie, Mikrofilm oder in einem anderen Verfahren) ohne schriftliche Genehmigung des
Verlages reproduziert oder unter Verwendung elektronischer Systeme verarbeitet, ver-
vielfältigt oder verbreitet werden.

Inhalt

Vorwort 7

GERDA FRÖHLICH
Zur Eröffnung 8

HARALD HASLMAYR
„Der lange Blick" – Gustav Mahler und Theodor
W. Adorno 18

ARNO RUSSEGGER
Eine Frage des Stils. Zu Ken Russells Film
„Mahler" (1974) 32

WILHELM W. HEMECKER
Rewelge in Wien.
Gustav Mahlers Studienjahre 66

ALBERT BERGER
Zum historischen Ort von Mahlers Textverständnis 78

HERTA BLAUKOPF
„Bücher fresse ich immer mehr und mehr".
Gustav Mahler als Leser 96

RENATE STARK-VOIT
„Bild – Symbol – Klang".
Zu Gustav Mahlers Wunderhorn-Vertonungen 118

REINHOLD KUBIK
Spuren in die Vergangenheit.
Gustav Mahler und die Tradition der musikalischen
Rhetorik 144

ERICH WOLFGANG PARTSCH
Alte Tonartensymbolik in Mahlers Liedschaffen? 178

AUTORENVERZEICHNIS 194

Vorwort der Herausgeber

Vor zwei Jahren haben sich die Herausgeber – auf einen Vorschlag des Dichters Alexander Widner hin – zu einer Zusammenarbeit ihrer Institutionen, der Internationalen Gustav-Mahler-Gesellschaft und der Kulturwissenschaftlichen Fakultät der Universität Klagenfurt, entschlossen. Sie verlief unkompliziert und erfolgreich, wie wir rückblickend mit Freude feststellen. Schon beim ersten Treffen wurde klar, dass „Mahler-Gespräche" von vielfältigen Berührungspunkten getragen werden würden. Bei Mahler, der in der Konzeption seiner „Weltanschauungsmusik" dem Wort einen bedeutsamen Platz einräumt, drängt sich ein interdisziplinärer Zugang förmlich auf. Damit waren für den Dialog die Grenzpunkte literarischer Horizont – musikalische Darstellung mit speziellem Blick auf das Liedschaffen gesetzt, ein einleitender Block mit Fragen zur Rezeption kam erweiternd hinzu. Die Referate der Tagung, die am 15. und 16. November 2001 in Klagenfurt stattfand, können nun im Druck vorgelegt werden. Wir hoffen, daß die Beiträge über philosophische und filmische Interpretation, über Lektüre, literarisches Verständnis und musikalische Darstellungsmöglichkeiten des Textes zum Weiterdenken anregen.

Allen, die am erfolgreichen Gelingen der Tagung ihren Anteil hatten, möchten wir herzlich danken: der Eröffnungsrednerin Frau Dr. Gerda Fröhlich und den Referentinnen und Referenten; weiters den unermüdlichen Hilfen von Annemarie Hilscher in Wien und von Brigitte Pappler, Andrea Rupp und Marlies Ulbing in Klagenfurt sowie von Mag. Elisabeth Wagner in Innsbruck bei der Redaktion und Drucklegung des Bandes.

Klagenfurt/Wien, im Juli 2002   F. A. / E. W. P.

Zur Eröffnung

Gerda Fröhlich

> *"Fisch große, Fisch kleine, vornehm und gmeine,*
> *Erheben die Köpfe wie verständige Geschöpfe!"*
> *... Auf "Obrigs" Begehren die Eröffnung anhören!*

Verehrter Herr Dekan, lieber Freund Erich Partsch, meine verehrten Damen und Herren Repräsentanten der hohen Wissenschaft, liebe interessierte Zuhörer!

"Mir ist die Ehre widerfahren ..." – ich weiß, ich bin im falschen Stück – aber ernsthaft: Es ist für mich eine Ehre, und ich freue mich aufrichtig, dass ich in jenem Haus, das mich vor sechs Jahren honoris causa aufgenommen hat, die Aufgabe übernehmen darf, eröffnende Worte für *ein ganz besonderes Symposium* zu sprechen ...
- *ein Symposium*, besetzt mit hochkarätigen Referenten – interdisziplinär: Musikwissenschaftler, Musikhistoriker, Germanisten ...
- *ein Symposium* zu Textverständnis und literarischem Horizont wie auch zur Wirkungsgeschichte eines bedeutenden Musikers an der Wende zum vergangenen Jahrhundert, der 31jährig bitter äußerte: "Mein Gott, die Weltgeschichte wird auch ohne meine Compositionen weitergehen!"

"Meine Partituren, lieber Freund" (an Richard Strauss – mit Verneigung vor der anwesenden Herausgeberin dieses Briefwechsels, Frau Dr. Blaukopf), "meine Partituren bin ich dran, in den Pult zu thun ... Jedesmal zu sehen, wie die Herren vom Sessel fallen, und es als *unmögliches* Wagstück erklären, so was aufzuführen – das ist auf die Dauer unerträglich. Vor 8 Tagen hat Bülow beinahe seinen Geist aufgegeben, während dem ich ihm daraus vorgespielt."

- *ein Symposium*, veranstaltet von der Kulturwissenschaftlichen Fakultät der Universität Klagenfurt und der Internationalen Gustav Mahler Gesellschaft Wien ... erstmals dieser Art hier in *Klagenfurt* – im nahen Umfeld der sommerlich-schöpferischen Heimat jenes Künstlers, um den sich heute und morgen hier alles dreht. Wenn wir es nicht übergenau nehmen, so ist er hier auf dem Boden des Campus – zumindest im allerengsten Umkreis – spaziert.

Wir können es nachlesen:
„Eben angekommen, Elise [die Köchin] nach Maiernigg expediert, im Cafe Schieder gefrühstückt, die Haare schneiden lassen, und nun per pedes über Loretto, wo mich Anton erwarten wird, nach Hause ..."
und am nächsten Tag:
„auf dem bekannten Bummelweg [also am Lendkanal] nach Klagenfurt gegangen und im ‚Kaiser von Österreich' Cafe und Chocolade genommen".
So schrieb er im Juni 1904 nach Wien an seine Frau Alma – aus Klagenfurt!

Er: Gustav Mahler – einer jener drei großen Komponisten, die sich in einem Zeitraum von knapp sechs Jahrzenten in das sommerliche Gästebuch Kärntens schöpferisch für immer eingetragen haben:
Drei-sommerlich (1877-1879) *Johannes Brahms* in Pörtschach am Nordufer des Wörther Sees, dieses „jungfräulichen Bodens, wo die Melodien fliegen, dass man sich hüten muss, keine zu treten ...".
Etwas mehr als ein halbes Jahrhundert später machte *Alban Berg* Kärnten zu seinem ständigen Aufenthaltsort mit dem Erwerb des „Waldhauses" in Auen bei Velden am Südufer des Wörther Sees. Er

war schon von Kindesbeinen an Kärnten verbunden – durch den Familienbesitz seiner Eltern, den „Berghof" in Heiligengestade am Ossiacher See – fast genau auf halbem Weg zwischen Ossiach und Villach, den beiden Heimatorten unseres Festspiels. (Meine hartnäckigen Aufklärungsbemühungen bei jeder sich nur bietenden Gelegenheit, dass der Name „Berghof" nichts mit Wald und Wiese, See und Berg zu tun hat, sondern eben mit Alban Berg, grenzen ehrlich gestanden manchmal schon an Manie. Übrigens leben in diesem Haus heute ganz liebe Freunde von mir, die Familie Dr. Ertl, und viele Male waren wir schon gemeinsam mit Künstlerfreunden, die den Spuren des Komponisten folgen wollten, willkommene Gäste im „Berghof".)

Ganze sieben „herrliche" Sommer in Maiernigg, ebenfalls am Südufer des Wörther Sees, machten *Gustav Mahler* sich „wahrhaft gerüstet fühlen für den Winter" ... der achte Sommer endete jäh und tragisch mit dem Tod des Töchterchens Maria. Hätte sich diese familiäre Katastrophe nicht ereignet, mit größter Wahrscheinlichkeit wäre Kärnten Mahlers schöpferische Heimat geblieben.

Eigentlich drängt sich die Frage fast auf, warum denn ausgerechnet unser südlichstes Bundesland keinen der ganz großen österreichischen Komponisten hervorgebracht hat. Hat es doch bekanntlich eine hochmusikalische Bevölkerung – in Kärnten gibt es tatsächlich mehr Chorvereinigungen als Gemeinden – und diese sind 132 an der Zahl. Woran mag es also liegen? Wer weiß?! Eines aber wissen wir: Die Anziehungskraft Kärntens auf schöpferische Musiker von auswärts war immer groß und stark.

Da aber ein Eröffnungsredner sich nicht zu wissenschaftlichen Untersuchungen und Ausführungen versteigen, sondern diese getrost seinen weit berufeneren Nachrednern überlassen sollte, sind es die beruflichen Erfahrungen und meine persönlichen Erinnerungen, die ich hier einbringen und an den Beginn Ihrer Mahler-Gespräche stellen darf.

Zur Eröffnung

Nun, ich konnte feststellen: Die Anziehungskraft Kärntens auf schöpferische Musiker von auswärts ist nach wie vor groß und stark: Viele Komponisten, die in unserem Carinthischen Sommer zu Gast waren, wurden vom Naturerlebnis, von der Ausstrahlung der Kärntner Landschaft und von der besonderen Atmosphäre – in unserem Falle Ossiachs – zu Neuschöpfungen angeregt.

So kam 1977 Leonard Bernstein nach Kärnten, um vor seinen Auftritten im Carinthischen Sommer (er dirigierte alle seine Symphonien) eine mehrwöchige Arbeitspause einzulegen und diese – ganz bewusst in der schöpferischen Heimat Mahlers – zum Komponieren zu nützen. Es wurde nichts aus den auch von ihm so sehr erhofften größeren Neuschöpfungen. Wegen der plötzlichen schweren Erkrankung seiner Frau musste er abbrechen und nach New York zurückfliegen. Übrig blieb ein bezaubernder kleiner elegischer Klavier-Walzer für mich mit der Buchstaben-Noten-Beziehung G-E-re-D-A und mit der Tempobezeichnung „Nicht zu *Fröhlich*". Die „heimliche" Uraufführung des Walzers fand übrigens in einer Künstlergarderobe des Villacher Kongresshauses statt – Christa Ludwig nahm mir das noch tintenfrische Notenblatt aus der Hand und sang mir das Stück kurzerhand vor. Öffentlich und original am Klavier zum Erklingen brachte ihn erstmals Rudolf Buchbinder – im Rahmen einer vom Carinthischen Sommer ausgerichteten Benefiz-Gala „Künstler helfen slowenischen Familien in Not" am 25. August 1991.

Karl Heinz Füssl komponierte in Ossiach den Liedzyklus „Die Entschlafenen" auf Texte von Hölderlin. In seine Widmung schrieb er „just an diesem Ort entstanden, inmitten von Trompetengetön beendet". (Carole Dawn Reinhart hielt gerade einen Trompetenkurs in Ossiach ab.)

Ernst Krenek machte in Ossiach erste Skizzen zu seinem Streichtrio in zwölf Stationen, op. 237. Gottfried von Einem hatte es anlässlich der ersten und einzigen Begegnung der beiden Komponisten, die 1986 in Ossiach stattgefunden hat, beauftragt – in seiner Funktion als Präsident der Alban-Berg-Stiftung.

Und *Gottfried von Einem* selbst? Er kam von 1980 bis zu seiner Erkrankung Mitte der neunziger Jahre alljährlich. Für ihn war „Ossiach ein Ort, an dem man sich immer einige Zentimeter über dem Boden schwebend fühlt - mit vertrauten Menschen, die mich zur Arbeit anregen. Deshalb fühle ich mich im Carinthischen Sommer so daheim."

Wenn man bedenkt, dass damals wie heute solche „Oasen der Ruhe" von den Menschen gesucht werden – und dies ganz sicher *nicht nur* von schöpferischen Künstlern – dann nimmt es wunder, dass Fremdenverkehrs- wie zunehmend leider auch Kulturpolitik nur noch auf Massen, Getöse und Top-Events, auf Quantität viel mehr als auf Qualität setzen. Statt Gottgeschenktes, uns Anvertrautes zu schätzen, zu hüten und zu pflegen, wird es zugeschüttet und überdröhnt. Diesem Trend gilt es unentwegt entgegenzuwirken, ich kann und will ihn nicht akzeptieren ... aber der tägliche Kampf gegen Interesselosigkeit, Halbwissen und Quotendenken macht bisweilen traurig, verzweifelt, bisweilen zornig ... und damit gottlob immer wieder aufs Neue kämpferisch!

Doch zurück in Mahlers Zeit – ebenfalls eine saturierte, im Kern eher morsche Zeit:

Immer mehr schöpferische Künstler suchten das Naturerlebnis, suchten die äußere und auch ihre eigene innere Ruhe in der Natur, immer mehr wurden zu „Ferienkomponisten".

Und Kärnten bot Mahler diese Naturnähe:

> ...da wurde mir wieder weit ums Herz, und ich sah, wie frei und froh der Mensch sofort wird, wenn er aus dem unnatürlichen und unruhevollen Getriebe der großen Stadt wieder zurückkehrt in das stille Haus der Natur.

Zur Eröffnung

Mahler suchte die Einsamkeit der Natur in einem sommerlichen Exil – nicht die von den Wiener Bürgern der Jahrhundertwende bevölkerten, gesellschaftsfreudigen „Sommerfrischen". Genau die Tücken eines solch typischen Ortes haben ihn letztendlich nach Maiernigg geführt. Der Sommer 1899 in Bad Aussee war für Mahler schlicht und einfach eine Katastrophe, denn eben hier führte die Wiener Gesellschaft ihr niveauvolles Nichtstun „à la campagne" fort. „MAN" tummelte sich im engeren Freundeskreis, „MAN" wollte doch die Nähe der „haute volée" nicht missen, zu der man sich schließlich ja selbst rechnete ... Für den sensiblen und leicht irritierbaren Künstler ein Alptraum: Die „Kuhgäste", die ihn „wie ein wildes Tier" bestaunten. waren ihm zutiefst „zuwider, weil man sie so unbeschäftigt, so ohne jeden Daseinszweck von früh bis spät immer nur auf der ‚Gaude' trifft" ...

Seine getreuen Damen (Schwester Justi und Mahlers langjährige Begleiterin und Freundin Natalie Bauer-Lechner) machten sich denn auch umgehend auf die Suche nach einem Ort der Ruhe für den nächsten Sommer. Und schon im September 1899 erfolgte der Grunderwerb in Maiernigg.

Sofort ließ sich Mahler auf einer Anhöhe im Wald ein „Komponierhäuschen" errichten, sein „study auf dem Kogel" – der Bau einer eigenen Villa am See wurde im folgenden Jahr fertiggestellt. Hier am Wörther See hatte er alles für sein Schaffen gefunden, hier verbrachte er schöpfungsreiche, glückliche und konfliktlose Sommer.

Alma berichtet (anlässlich der Fertigstellung seiner Sechsten Symphonie):

> Wir gingen wieder Arm in Arm in sein Waldhäuschen hinauf, wo wir mitten im Walde ohne Störung waren. All das geschah mit einer großen Feierlichkeit.

Gerda Fröhlich

Meine persönlichen Erinnerungen an Besuche beim etwa 60 Meter über der Seevilla im Wald gelegenen „Komponierhäuschen" sind etwas weniger beschaulich und „feierlich". Noch lange bevor der rührige Klagenfurter Gustav-Mahler-Verein dieses Gedenk-Plätzchen der Öffentlichkeit zugänglich machte (zu „gänglich" in wortwörtlichem Sinn), war ich im Abstand von vier Jahren zweimal dort.

Erstmals 1977 mit Harry Kraut, dem persönlichen Manager von Leonard Bernstein, auf der Suche nach einer für den Maestro geeigneten Logiermöglichkeit, wo dieser Mahlers Abgeschiedenheit in der Natur zum eigenen Komponieren nützen könnte. Harry Kraut wollte mir einfach nicht glauben, dass das berühmte „Komponierhäuschen" ganz sicherlich nicht Lennies Vorstellungen von einer gemütlich-komfortablen Suite entsprechen würde. Ich musste ihn durch einen Lokalaugenschein davon überzeugen. So suchten wir – von der Straße weg – in der Direttissima den Weg zum „study auf dem Kogel". Es war April, der steile Pfad war voll mit feuchtem Laub, und wir kämpften uns – einen Schritt nach vor-, zwei zurückrutschend – an den Ort der Sehnsucht.

Nun, Bernsteins Kärntner Behausung wurde schließlich – ein Schloss! Schloss Tentschach.

Mein zweiter Besuch könnte den Titel tragen: „Was mir die Tiere im Walde erzählen". 1981 wurde ich vom ORF eingeladen, für das damals sehr populären Quiz von Günter Tolar – ich glaube, es hieß „Made in Austria" – die Prominentenfrage an die Fernseher zu stellen. Die einzigen Vorgaben waren: Die Antwort sollte „Gustav Mahler" sein, und gedreht wird beim „Komponierhäuschen".

Die drei hiefür geforderten Fragen musste ich selbst zusammenstellen. Ich erinnere mich nur noch, dass ich das Mahler-Zitat „Hier komponiert man nicht, man wird komponiert" und Natalies Schilderung „von allen Wundern und allem Grauen des Waldes ist er da umfangen" verwendet habe – allerdings nicht ahnend, dass Letzteres mich selbst einholen würde ...

Ich war – wie von den ORF-Gewaltigen bestellt – fein für einen Fernsehauftritt herausgeputzt (wie damals üblich in ein flatterndes Sommerkleidchen gehüllt und mit zarten Stöckel-Sandalen an den Füßen) vor dem Funkhaus in Klagenfurt pünktlich zur Stelle. Man fuhr im Konvoi mit einem PKW und einem VW-Bus mit Kamera- und Ton-Team los ans Südufer des Sees. Wir fuhren an der Seevilla vorbei ... Ich dachte mir noch nichts, denn ich hatte gehört, dass mittlerweile sehr wohl ein Fahrweg zum „Komponierhäuschen" ausgebaut worden war. Außerdem hatte ich volles Vertrauen in den ORF, war ich doch gewöhnt, dass bei Fernsehaufzeichnungen im Carinthischen Sommer immer das Produktions-Team zuvor eine „Begehung" des Schauplatzes machte. Als wir uns aber bereits Maria Wörth näherten, entschloss ich mich, die kecke Frage zu stellen, ob denn überhaupt bekannt sei, wo das Mahler-Komponierhäuschen sich befinde und wie man dorthin komme ... Auf die leicht konsternierte Antwort von Regisseur Sepp Prager „Nein, aber das wird doch nicht so schwer zu finden sein", ließ ich den Konvoi anhalten, umdrehen, bis zur Villa zurückfahren und – den mir bekannten Steig nehmen.

Ich hatte es ja relativ leicht: Schuhe ausgezogen und schon „ging ich mit Lust durch einen grünen Wald". Aber an die Flüche des Kameramannes hinter mir erinnere ich mich heute noch sehr gut. Er musste das ganze Equipment hinaufschleppen – wie einst die Köchin Elise Mahlers Frühstück über „einen schlüpfrigen Kletterweg mit allem Geschirr". Oben auf der Lichtung angekommen umfingen uns nicht nur die „Wunder", sondern auch all das „Grauen des Waldes" – in Form von Gelsen, Gelsen-Scharen, fürwahr eine „Symphonie der Tausend". Und jedes einzelne Exemplar in einer weder zuvor noch danach gesehenen Größe. Die Dreharbeiten wurden zur Tortur. Kaum hieß es „Kamera ab" (und damit auch „Aus" für den rettenden Rauch aus Herrn Pragers Pfeife) stürzten sich die lieben überdimensionalen Tierchen auf meinen Rücken und stachen zu ... Hingebungsvoll hingegossen auf einem Baumstamm sitzend, das „Komponierhäuschen" dekorativ im Hintergrund, versuchte ich mit zusammengebissenen Zähnen und trotzdem telegen lächelnd die Fragen in den Kasten zu kriegen. Also, „ohne Störung" und von „großer Feierlichkeit" war dieser Besuch beim „Komponierhäuschen" wirklich nicht. Vermutlich hat sich die Fauna am Südufer des Wörther Sees in diesen acht Jahrzehnten nach den Mahlers grundlegend verändert ...

Ein in gewisser Weise wirklich „feierliches" Erlebnis war für mich der Besuch mit Leonard Bernstein in Mahlers Seevilla. Es war nicht leicht gewesen, die damaligen Besitzer dazu zu überreden, Besuch in ihr Haus zu lassen. Doch als Professor Wobisch (Gründer und Leiter des Carinthischen Sommers von 1969 bis 1980) den Namen „Bernstein" aussprach, da öffnete sich der Sesam. Und Lennie setzte sich an Mahlers (angeblich Original-)Klavier, spielte aus der Vierten und sang „von den „himmlischen Freuden".

Mit zu meinen schönsten Erinnerungen zählt auch ein „Ausflug" im Sommer 1986: Unter dem Motto „Komponisten-Treffpunkt Ossiach" gab es im Carinthischen Sommer Konzerte, Gespräche und Diskussionsrunden mit fünf namhaften österreichischen Komponisten: Ernst Krenek, Gottfried von Einem, Cesar Bresgen, Karl Heinz Füssl und Ivan Eröd. – Die prominente Runde wurde in einen Kleinbus gepackt. Erste Station war das Bergsche „Waldhaus". Alles in dem Haus – mit einem wunderschönen Park rundherum – erinnert noch an den Meister. Bergs geliebtes Auto – ein herrlicher, auch heute noch auf Hochglanz polierter Ford-Oldtimer – wurde von allen staunend bewundert, vor allem Krenek untersuchte das Prachtstück eingehend und mit leuchtenden Kinderaugen. Unvergesslich für mich ist aber ein besonders beeindruckendes Bild: Ernst Krenek und Gottfried von Einem – in eher ungewöhnlich trautem Einverständnis lange und andächtig studierend über eine Berg-Partitur gebeugt. Anschließend ging's nach Maiernigg zum „Komponierhäuschen", diesmal bereits auf der Zufahrtsstraße und einem bequemen Gehweg und schließlich zum Mittagessen nach Loreto, von wo aus Mahler dereinst nach Maiernigg hinübergefahren war ...

Und somit, meine Damen und Herren, schließt sich der Kreis, den ich um Mahlers schöpferische Heimat Kärnten zu ziehen versucht habe ... Ich wünsche Ihnen viele gute Gespräche, viele neue Erkenntnisse im Verlaufe Ihrer Veranstaltung, die ja noch mit einem Liederabend ausklingen wird ... und am Ende, meine Damen und Herrn Referenten, Professoren, Doktoren, Organisatoren, Studierende, Zuhörende wird's bestimmt heißen:

„Haben d'Mäuler aufrissen, sich Zuhörens beflissen!
Kein SYMPOSIUM niemalen den Fischen so gfallen!"

„Der lange Blick" – Gustav Mahler und Theodor W. Adorno

Harald Haslmayr

Das Instrumentalvorspiel zu Oper »Ariadne auf Naxos« von Richard Strauss und Hugo von Hofmannsthal gilt als Paradigma des Musikalisch-Parataktischen, da es in nur zwei Minuten sämtliche Themen und Sphären des anschließenden Meisterwerks in atemberaubender Dichte scheinbarer Unverbundenheit exponiert. Genauso verstehen sich die folgenden Ausführungen nicht als ein systematischer Forschungsbeitrag, sondern als Versuch, dem folgenden interdisziplinären Symposion, das ja den offenen Titel »Mahler – Gespräche« trägt, durch das Anschneiden einiger Aspekte der Mahler-Rezeption von Theodor W. Adorno mögliche Anregungen zuteil werden zu lassen. Das Hauptgewicht wird, soviel sei vorweggenommen, auf den Themenkreisen des Körperlich-Physiognomischen sowie des „Österreichischen" liegen, und letzteres vor allem deshalb, weil sich unser Gespräch ja in unmittelbarer Nähe von Maiernigg, dem für Mahler bekanntlich so bedeutenden Kompositions-Ort, ereignen wird.

Zur Einstimmung auf den spezifischen Ton von Theodor W. Adornos Schriften über Gustav Mahler, in deren Zentrum ohne jeden Zweifel das zum 100. Geburtstag des Komponisten erschienene Mahler-Buch aus dem Jahr 1960 steht, eignet sich eine Passage aus dem vor erst wenigen Tagen erschienenen Adorno-Vortrag von Peter Sloterdijk »Was ist Solidarität mit Metaphysik im Augenblick ihres Sturzes? Notiz über kritische und übertriebene Theorie«, den der Autor bereits 1989, anläßlich des 20. Todestages Adornos in Rotterdam gehalten hatte:

„Der lange Blick" – Gustav Mahler und Theodor W. Adorno

> Adornos kritische Ontologie beschreibt die Weltoberfläche wie eine totale Falle. Über weite Strecken liest sich sein Text wie eine Anweisung, das In-der-Welt-Sein als absurde *Untersuchungshaft* zu deuten. Es scheint in seinem Denken einen Wiederholungszwang zu geben, der in den verschiedensten sozialen und historischen Lagen das dramatische Schema von Gefangenschaft und Ausbruchstraum stereotyp reformuliert. Die Urszene ist so mächtig, daß sie bis in die letzten Abstraktionen dringt und den Gebrauch der logischen Kategorie färbt. Identität ist monoton mit Fesselung assoziiert, Differenz mit Lösung; Sein mit Trostlosigkeit, Nicht-Sein mit Hoffnung; Immanenz mit Verblendung, Transzendenz mit Einsicht. Alles, was ein System bildet, sei es gesellschaftlich oder logisch, ruft die Phobie gegen das schlimme Geschlossene hervor; nur die Risse und Schwachstellen der totalen Festung, welcher dennoch gern das Beiwort fugenlos gegeben wird, lassen ein kaum zugängliches Außen erahnen[...].[1]

Man mag Sloterdijk eine Nähe zum pauschalierenden, philosophiebelletristischen Design vorwerfen, und doch trifft seine Wendung von der „absurden Untersuchungskraft" als Signum der conditio humana im Zeitalter der Moderne zweifellos ein wesentliches Motiv der von Adorno mitbegründeten Schule der „Kritischen Theorie", und ein Zitat aus dem Schlußkapitel des Mahler-Buchs von Adorno scheint den Befund zu bestätigen. *Vom Unwiederbringlichen vermag das Subjekt die anschauende Liebe nicht abzuziehen. Ans Verurteilte heftet sich der lange Blick.*[2] Dieses Diktum ist umso aufschlußreicher, als das Junktim von Verurteiltem und dem „langen Blick" ein signifikanter Eingriff Adornos ist, denn im Lied »Von der Schönheit« aus dem Zyklus »Das Lied von der Erde« heften sich die langen Blicke der „schönsten von den Jungfrauen" an den zu Pferd davonsprengenden Jüngling und keineswegs an einen Verurteilten, worauf noch zurückzukommen sein wird.

Meine Damen und Herren, ohne dies nun systematisch entfalten zu können, sondern der suggestiven Metaphorik Sloterdijks folgend, läßt sich sagen, daß für Adorno einzig und allein die Erfahrung großer

Kunst so etwas wie eine ephemere Entschärfung der Haftbedingungen im Weltkerker bedeutet hat. Ein restfreies Aufgehen dieser ästhetischen Erfahrung in philosophische Reflexion, so sagen es zumindest die beiden späten und traurigen Werke »Negative Dialektik« und das Fragment der »Ästhetischen Theorie«, hieße jedoch, die individuelle wie auch kollektive Haftzeit unweigerlich auf „lebenslänglich" auszudehnen, die einzige Hoffnung auf epiphanische Befreiung liegt hingegen paradoxerweise in der vorreflexiven, leibhaft-körperlichen Erfahrung von Kunst, worin der Grund für den singulären Untertitel von Adornos Mahler-Buch zu liegen scheint: Dieser lautet »Eine musikalische Physiognomik«. Schlägt man im aktuellen Duden-Fremdwörterbuch nach, findet sich unter dem Stichwort „Physiognomik" folgender Eintrag:

> bes. die Beziehung zwischen der Gestaltung des menschlichen Körpers u. dem Charakter behandelndes Teilgebiet der Ausdruckspsychologie u. die darauf gründende Lehre von der Fähigkeit, aus der Physiognomie auf innere Eigenschaften zu schließen.[3]

Die musikalische Physiognomik, so will es also scheinen, bedeutete für Adorno eine Art Kompromiß zwischen den Forderungen seiner ungebrochen materialistischen Festkörper-Ontologie und den unhintergehbaren Evidenzen einer gleichsam entmaterialisierten ästhetischen Erfahrung, und der Schauplatz dieses Austrags ist der humane Körper bzw. der Leib. Bereits der große Schubert-Aufsatz aus dem Jahr 1928 schloß mit einem vollen physiognomischen Akkord: Nachdem von der Natur als *ein Gesicht der nächsten Nähe* die Rede war, heißt es schließlich:

> In unregelmäßigen Zügen, einem Seismographen gleich, hat Schuberts Musik die Botschaft von der qualitativen Veränderung des Menschen notiert. Ihr antwortet zurecht das Weinen: Weinen der ärmsten Sentimenta-

lität im Dreimäderlhaus nicht anders als das Weinen *aus erschüttertem Leib*. Vor Schuberts Musik stürzt die *Träne* aus dem *Auge*, ohne erst die Seele zu befragen: so unbildlich und real fällt sie in uns ein. Wir weinen, ohne zu wissen warum; weil wir so noch nicht sind, wie jene Musik es verspricht, und im unbekannten Glück, daß sie nur so zu sein braucht, dessen uns zu versichern, daß wir einmal so sein werden. Wir können sie nicht lesen; aber dem schwindenden, überfluteten *Auge* hält sie vor die Chiffren der endlichen Versöhnung.[4]

Die Tränen des jungen Schubert-Hörers Adorno fließen über 30 Jahre später im Mahler-Buch noch immer:

Die Mahlerschen Moll-Akkorde, welche die Dur-Dreiklänge desavouieren, sind Masken kommender Dissonanzen. Das ohnmächtige *Weinen* jedoch, das in ihnen sich zusammenzieht, und das, weil es Ohnmacht einbekennt, sentimental gescholten wird, löst die Erstarrtheit der Formel, öffnet sich dem Anderen, dessen Unerreichbarkeit weinen macht.[5]

Überaus bemerkenswert in diesem Zusammenhang ist die Modulation des Seismographen der Musik Schuberts vom tektonischen Bereich hinüber in den physiognomischen im Mahler-Buch:

In unermüdlicher Überforderung, zu keiner Resignation bereit, zeichnet Mahlers Musik ein Elektrokardiogramm, Geschichte des brechenden *Herzens*.[6]

Nun muß an dieser Stelle vermieden werden, eine systematische Analyse aller Körper- und Leibmetaphern in Adornos Mahler-Schriften vorzunehmen, und nicht zuletzt aus physiognomischen Gründen erscheint es angebracht zu versuchen, anhand von drei markanten Tonbeispielen die körperliche Erschütterung Adornos, also die existenzielle Komponente seiner ästhetischen Erfahrung, nachzuvollziehen. Dabei handelt es sich um Stellen, an denen Adorno ausdrücklich von

Körper und Leib spricht: In den „Epilegomena" zu Mahler in »Quasi una fantasia« heißt es über den Beginn der 6. Symphonie:

> Integral ist die Sechste derart, daß nichts Einzelnes bloß als Einzelnes zählt sondern erst als das, als was es im Ganzen sich enthüllt. Um solche Stücke zu verstehen, sollte man sich nicht besserwisserisch in die Themen festmachen, sondern sie zunächst einmal vorgeben und abwarten, was geschieht. Sogleich in der Fortsetzung wirft der Satz das Offizielle ab. Dort, wo erstmals der begleitende Marschrhythmus fehlt, wird der runde, geschlossene *Klangkörper* des Beginns *aufgeschlitzt*, als müßte er *bluten*. Das Hauptmotiv springt von den Geigen in die unmäßigen Posaunen, die Geigen spielen eine Gegenstimme dazu, sämtliche hohen Holzbläser eine Sechzehntelfigur, ohne harmonietragenden Baß. Erst nach der Störungsaktion dringt der Marsch mit den Viertelschlägen des Beginns und dann einer schrillen Oboenmelodie wieder durch. Schon mit ein paar Takten motivischen Eingriffs vergeht vor Mahlers *herzbrechendem* Ton alles schulgerechte Wesen.[7]
> [Tonbeispiel 1: Mahler, 6. Symphonie, 1. Satz, Takt 1 – 20. Philharmonia Orchestra, Giuseppe Sinopoli]

Das Thema, das die Schlußgruppe im Kopfsatz der 9. Symphonie bildet, wird von Adorno im achten Kapitel folgendermaßen beschrieben:

> Meist luxurierend begleitet, zieht es die Katastrophe als seine eigene Negation gewissermaßen herbei. Beim ersten Mal bricht es die Kraft des Satzes noch nicht, die dann 'leidenschaftlich' wiederum sich aufbäumt; der Akkord d-f-a-cis dazu, überhaupt die Basis des Minore-Komplexes, wurde zum Leitklang des ersten Orchesterstückes aus Schönbergs op. 16. Endgültig, ärger als einst der Hammer, fährt der Hauptrhythmus, beim zweiten Mal, im schweren Blech mit großer Trommel und Tamtam dazwischen. Schon die Harmonie über dem tiefen es, vor der ersten Spitze des Minore, greift durchdringend, gleichsam allzu nah in den *musikalischen Körper*.[8]
> [Tonbeispiel 2: Mahler, 9. Symphonie, 1. Satz. Takt 192 – 210, Takt 300 340. Wiener Philharmoniker, Sir Simon Rattle]

„Der lange Blick" – Gustav Mahler und Theodor W. Adorno

Am Beginn des Kapitelteils über die 9. Symphonie hatte es über den an diese Katastrophe sich anschließenden magischen Klang der Glokken in sprachlicher Ingeniosität geheißen:

> Die fast mühsamen Eintaktschritte der Erzählung tragen die lastende Schwere des symphonischen Zuges beim Einsatz des Trauermarschs wie einen Sarg in schweren Kondukt. Die Glocken dazu sind keine christlichen: mit so bösem Gepränge wird ein Mandarin zu Grabe getragen.[9]

Überaus erstaunlich ist Adornos Beschreibung des Schlusses des Kopfsatzes der 9. Symphonie. Er, der sich nicht nur in den »Minima moralia« als entschiedener Gegner, ja als unerbittlicher Feind alles Esoterischen, Hypnotischen und auch Anthroposophischen unmißverständlich exponiert hatte, schreibt über diese letzten Takte:

> Gegen Ende des Satzes [...] vollzieht die Farbe den Formsinn dessen nach, was geschah: als wäre der Satz schon dahin, begibt er sich des Volumens, die Musik hält sich wie ein *Astralleib*, schließlich nach Mahlers Vorschrift 'schwebend'. Der Fortgang des Satzes in dissoziierten *Atemzügen* ist überall durchzuspüren, auch dort, wo die melodischen Linien bereits lang ausgesponnen sind; [...][10]
> [Tonbeispiel 3: Mahler, 9. Symphonie, 1. Satz, Takt 406-Schluß, selbe Aufnahme]

Gewiß kann man in diesem Zusammenhang in keiner Weise von einer konsequent intendierten Entwicklungslogik sprechen, aber der Weg vom Weinen des geschüttelten Körpers des Schubert-Hörers hin zum schwerelos schwebenden Astralleib am Ende des Kopfsatzes der 9. Symphonie Mahlers gibt hörend doch einiges zu denken.

Just die für Adornos Denken schein es so untypische spirituelle Dimension des Astralleibes vermag von der individuell-körperhaften Erfahrung von Mahlers Musik überzuleiten zur Physiognomie einer ganzen Kultur, nämlich zu derjenigen der österreichischen, in der Mahler tief zu wurzeln scheint, seinen wiederholten Klagen in bezug auf sein dreifaches Fremdsein in der Welt zum Trotz. In Adornos Wiener Gedenkrede von 1960 findet sich folgender, überaus bemerkenswerter Satz:

> Man mag in dem seiner selbst unbewußten Ziel, das der Mahlerschen Musik vor Augen steht, die spirituelle, von aller Dumpfheit des Heimeligen gereinigte Wiederkehr des Österreichischen erkennen, etwas Passives, Ergebenes, den einströmenden Gestalten ohne Eingriff Vertrauendes.[11]

Nein, man hat es hier nicht mit einem Text von Joseph Roth oder gar von Rudolf Steiner zu tun, sondern mit einem Gedanken Adornos, so unglaublich und ungewohnt dieser auch erscheinen mag. Nun soll im folgenden nicht die Bedeutung der „spirituellen Wiederkehr" oder diejenige der „einströmenden Gestalten" herausgearbeitet werden, sondern, wie eingangs erwähnt, Adornos Ins-Spiel-Bringen des Österreichischen[12] als einer Art soziokultureller Physiognomik beleuchtet werden, jenseits jeglicher „Dumpfheit des Heimeligen" und in vollem Bewußtsein der Gefahr, ins Antiquarische im Sinne von Friedrich Nietzsches „Zweiter Unzeitgemäßer Betrachtung" absinken zu können.

Am Beginn der eben zitierten Wiener Gedenkrede von 1960 ist klarerweise mit einer formellen Huldigung Adornos an Wien und Österreich zu rechnen, und Adorno greift gleich eingangs ins Volle:

> Wer aus Deutschland nach Wien kommt, um zu Gustav Mahlers hundertstem Geburtstag zu sprechen, muß fürchten, Eulen nach Athen zu tragen. Noch die Abweichungen, sein Wesen, sind nicht zu begreifen ohne Beziehung auf das, wovon er abwich und was selbst schon Abweichung ist, sein österreichisches Idiom, zugleich das der bestimmenden musikalischen Überlieferung von Europa.

Und gleich darauf:

> Vom Österreichischen ererbte er den allem bloß mechanischen Ablauf widerstrebenden, verweilenden Instinkt fürs musikalisch Sinnvolle.[13]

Einige Zeilen später beginnt Adorno mit der Nennung konkreter Stellen im Schaffen Mahlers:

> Auch um den Komponisten Mahler recht zu hören, muß man an jenem Einverständnis teilhaben, das sich herstellt, wo Musik österreichisch gesprochen wird. [...] Mütterlich vertrautes Österreichisch reden Partien von Sätzen aus Mahlers Jugend wie das Trio der Ersten Symphonie, süß ohne Süßliches durch die reiche Differenziertheit der harmonischen Valeurs. Österreichisch ist die lange Ländlermelodie des Andantes der Zweiten Symphonie, wie wohl jeden, der Mahler liebt, ursprünglich zu ihm führte.[14]

Im 5. Kapitel des Mahler-Buchs geht Adorno neuerlich auf dieses Trio der ersten Symphonie ein. Dort heißt es, es sei

> von einem harmonischen Reichtum und einer Finesse, die vom Stilmodell des Bauerntanzes nicht sich übertölpeln läßt. Die Wienerische Zärtlichkeit jenes Trios kehrt wieder in der zweiten Nachtmusik der Siebenten und, von weit her, im Lied von der Erde; schon werden die Endungen resigniert fallengelassen.[15]
>
> [Tonbeispiel 4: Mahler, 1. Symphonie, 2. Satz, Ziffer 16-21. Philharmonia Orchestra, Giuseppe Sinopoli]

In der Mahler-Gedenkrede spinnt Adorno das Österreich-Motiv weiter:

> Österreichisch endlich sind auch seine Kontrapunkte, das phantasievolle Dazusingen von Melodien zu den einmal gesetzten, Verdichtung nicht durch Zusammenziehen, sondern durchs gewährende Ausschütten von

Fülle. Noch in den abgeblendeten Werken der Spätzeit kehrt der österreichische Ton wieder. Im Totentanz der Neunten werden Reminiszenzen eines Ländlers gefiedelt.[16]

Im Schlußkapitel des Mahler-Buches läßt sich Adorno in Bezug auf diesen Ländler zu einem für ihn überaus seltenen Neologismus hinreißen:

> Der zweite Satz ist ein Durchführungsscherzo wie das der Fünften und Siebenten, mit drei diesmal auch durchs Tempo scharf unterschiedenen Hauptgruppen, dem Ländler in C-Dur, einem viel rascheren Walzer in E-Dur und einem quasi *überösterreichischen*, zeitlupenhaften Ländlerthema in F [...].[17]

Erst seit wenigen Tagen zugänglich ist folgende Passage, entnommen dem aus dem Nachlaß herausgegebenen Band »Zu einer Theorie der musikalischen Reproduktion«, sie sei deshalb hier zitiert:

> Schwierigste Probleme von großer Form und Charakteren im 2. Satz der IX. Symphonie von Mahler. Nimmt man das I. Thema *wirklich* als Ländler, so ist es bei der Länge seiner Exposition mit Spannung kaum durchzuhalten. Um so schwieriger wird aber der Kontrast zum 2. (Walzer), denn es soll einmal nur *etwas* rascher sein, dann aber, bei seiner Wiederkunft, schneller. Die Tempodifferenz wird also recht gering; um so notwendiger *alle* anderen Kontrastmittel. Auf jeden Fall aber muß das 3. Thema *ganz* langsam, wirklich wie ein österreichischer langsamer Ländler genommen werden. Evt. Eine metronomisierte Tempoanalyse des Satzes geben.[18]
> [Tonbeispiel 5: Mahler, 9. Symphonie, 2. Satz, Beginn – Takt 15, Takt 90 – 120, Takt 217 – 240, selbe Aufnahme]

Meine Damen und Herren, das Prinzip des Parataktischen widersteht demjenigen des systematisiert Vollständigen, und so seien nur noch einige wenige, besonders anschauliche Beispiele für die Bedeutung der Kategorie des „Österreichischen" in der Mahler-Analyse Adornos gegeben. So wurden im 2. Kapitel des Mahler-Buchs dessen Dur-Moll-Manier in geradezu physiognomischer Drastik interpretiert:

> Sie sabotiert die eingefahrene Musiksprache durch Dialekt. Mahlers Ton schmeckt, so wie man in Österreich die Rieslingtrauben 'schmeckert' nennt. Sein Aroma, beizend und flüchtig zugleich, hilft als enteilendes zur Vergeistigung.[19]

Nachgerade zu einem vielleicht sogar klischeehaften Topos verfestigt hat sich die historische Analyse der österreichischen Philosophiegeschichte seit ihren Anfängen im 19. Jahrhundert, die verschiedenen einflußreichen Interpretationen zufolge durch eine strikte Ablehnung der Tradition des Deutschen Idealismus gekennzeichnet gewesen wäre, auf naturwissenschaftlichem Rationalismus und empirischem Pragmatismus aufbauend. Wie immer man diese bis heute heftig geführte Debatte[20] auch einschätzen mag, kommt Theodor W. Adorno bereits 1960 zu einer vergleichbaren Einschätzung, eine Physiognomik der Augen und Kultursoziologie miteinander verbindend.

> Seine Musik nimmt es auf mit dem extensiven Leben, stürzt sich geschlossenen Auges in die Zeit, ohne doch Leben als Ersatzmetaphysik zu installieren, parallel zur objektiven Tendenz des Romans. Das Potential dazu wuchs ihm aus der vom deutschen Idealismus verschonten, teils vorbürgerlich feudalen, teils josephinisch-skeptischen österreichischen Luft zu [...].[21]

Natürlich wußte der Schönberg-Schüler Adorno auch um die Bedeutung des Emanzipatorischen gerade in der österreichischen Musiktradition, an zwei Stellen bringt er diese zum Ausdruck:

> Österreichisch aber war noch sein Korrektiv gegen die österreichische Tradition: Mozart, in dem der einheitsstiftende Geist und die unbeschnittene Freiheit der Details sich zusammenfinden.[22]

Mozart wird hier im Zusammenhang des hier scheinbar naiv-kindlichen Tons der 4. Symphonie erwähnt, über die Mahlerschen Varianten als technische Formeln der Abweichung heißt es dann im 5. Kapitel:

> Später sind die Mahlerschen Vairanten nicht länger bequem als Karikaturen eines Regulären lesbar, sondern kompositorisch determiniert. Dafür bietet die Musiksprache Einsatzstellen, die Mahler ererbte; der Tonfall der österreichischen Komponiertradition ist von der Abweichung gesättigt, schon bei Schubert Mozart gegenüber.[23]

Auch in dieser knappen Zusammenstellung läßt sich also zeigen, und dies könnte im Zeitalter der entfesselten Globalisierung ein bisher vielleicht zu wenig beachteter Aspekt sein, daß Theodor W. Adorno, zumindest von einem Strang der „Kritischen Theorie" zum griesgrämigen Leidensakrobaten einer irreversiblen universalistischen Moderne stilisiert, genug ästhetische Sensibilität besaß, um von der Unverzichtbarkeit des Regionalen, in diesem Fall eben desÖsterreichischen, in seiner physiognomischen Rezeption der Musik Mahlers Rechenschaft zu geben.

Meine Damen und Herren, gestatten Sie mir zum Ende hin einen kurzen Blick auf denjenigen langen Blick, der diesem Vortrag seinen Namen gab und der gleichzeitig dazu einlädt, die vertraute Sphäre des Österreichischen mit der des fernen Ostens zu vertauschen. Wie bereits eingangs erwähnt, hat Adorno in der Schlußpassage seines Mahler-Buches insofern eine Art Montage vorgenommen, indem er den „langen Blick" sich auf einen imaginären Verurteilten und nicht auf einen schönen Jüngling heften ließ, wie es im Lied »Von der Schönheit« aus dem »Lied von der Erde« eigentlich heißt. Wie sich nun zeigen läßt, hat Mahler niemals eine Reprise so explizit aus physiognomischem „Geist" komponiert wie in diesem Lied, und genau deshalb zelebriert Adorno angesichts dieser Passage die emphatischste Feier einer „schönen Stelle", die er sich jemals gestattete.

„Der lange Blick" – Gustav Mahler und Theodor W. Adorno

Zur Erinnerung einige Worte zum Aufbau des Liedes, der sich als dreiteiliger zu erkennen gibt: Ein erster Teil schildert eine Idylle junger, Lotosblüten pflückender Mädchen an einem vom duftenden Zephir übersäuselten chinesischen See. Im Mittelteil wird der Puls der Musik bewegter, eine Szenerie reitender junger Knaben tritt ins Bild, das Tempo wird immer schneller und fließender. Erst in diesem Mittelteil treten die Kontrabässe hinzu, die in den Eckteilen überraschenderweise fehlen, und es ist ein untrügliches Zeichen der steigenden Erregung, daß in dieser Reiterszene plötzlich die Pauken erklingen, und zwar zum ersten und einzigen Mal im gesamten »Lied von der Erde«! Ein heftiger Frühlingssturm tritt auf, die Musik erhitzt sich zusehends – *Hei! Wie flattern im Taumel seine Mähnen, dampfen heiß die Nüstern!* Und nun erfolgt, ohne die geringste Unterbrechung, „subito Tempo I", ein physiognomischer Ruck sondergleichen, die Musik scheint so erhitzt zu sein, daß sie von innen her verglüht, eine Art „Presto delirando" zwanzig Jahre vor Alban Bergs »Lyrischer Suite«, aber nicht ins Nichts, sondern direkt hinein in die Reprise! An dieser Stelle liegt die Pointe darin, daß Mahler sich der psychologisch-physiognomischen Wirkung dieses Verfahrens so genau bewußt war, daß er für diesen Übergang eine Verszeile aus der zweiten Strophe, aus dem ersten Teil also, einfügte, nämlich *Goldne Sonne webt um die Gestalten, spiegelt sie im blanken Wasser wider.* Im Nu verschwinden auch die Kontrabässe, baßlos schwebend, jäh verlangsamt, nimmt die Musik ihren weiteren Verlauf, und erst jetzt, im virtuellen Spiegel der Reprise, tritt ein einzelnes Mädchen aus dem kollektiven Reigen der Jungfrauen und sendet „ihm", ihrem jugendlichen Reiter, „lange Blicke der Sehnsucht" nach. Um die Mystik dieses hochromantischen „Augen-Blicks", der mit Isoldes *Er sah mir in die Augen* begann und mit Weberns Kantate »Das Augenlicht« enden sollte, zu verstärken, fügt Mahler den Vers *in dem Dunkel ihres heißen Blicks* hinzu. Hier also dürfte diejenige Passage zu vermuten sein, an der Adornos an Beethovenscher Formgebung geschulte, negativ-dialektische Reprisenphilosophie umschlägt in eine wahrhaft „spirituelle Wiederholung", unmittelbar an die Glückserfahrungen in Peter Handkes gleichnamigem »chef d'oeuvre« von 1986 erinnernd. Salopp formuliert tritt hier befreite Wiederholungslust an die Stelle systematischen Reprisenkrampfs. Wenn je ein Entkommen aus der „absurden Untersuchungshaft", die Adornos Ontologie unzweifelhaft prägt, Gestalt fand, dann in diesen Takten, und es war Hermann Danuser, der in subtiler Weise auf den Zusammenhang hinwies, der zwischen der architektonisch-textlichen Spiegelung und der baßlosen Akkordumkehrung besteht, mit dem das Lied mittels eines Quartsextakkords schließt.[24]

Zuvor aber war jener Klarinetteneinsatz erklungen, von dem Adorno – und dies ist nun endlich die berühmte Stelle, an der die einzig der Musik vorbehaltene Kraft aufblitzt, just in der Reprise, also in einem Wiederholungsgeschehen, die Zeit stets je flüchtige zu gestalten – in emphatischem Ton schrieb:

> Das Ende des Gesangs von der Schönheit, der Klarinetteneinsatz des Nachspiels, eine Stelle, derengleichen der Musik nur alle hundert Jahre beschieden wird, findet die Zeit wieder als unwiederbringliche.[25]
> [Tonbeispiel 6: Mahler, Das Lied von der Erde, Von der Schönheit, Takt 94 – Schluß. Iris Vermillon, Staatskapelle Dresden, Giuseppe Sinopoli]

Anmerkungen:
1) Peter Sloterdijk, *Nicht gerettet. Versuche nach Heidegger*, Frankfurt a.M. 2001, S. 244f. Hervorhebung von mir.
2) Theodor W. Adorno, *Mahler. Eine musikalische Physiognomik*, Frankfurt a.M. 1981, S. 216. Hervorhebung von mir.
3) Duden, Bd. 5, Das Fremdwörterbuch, Mannheim/Wien/Zürich 1990. S. 603.
4) Theodor W. Adorno, *Schubert*, in: Musikalische Schriften IV (= Gesammelte Schriften 17), Frankfurt a.M. 1997, S. 33. Hervorhebungen von mir.

5) Theodor W. Adorno, *Mahler*, a.a.O., S. 40. Hervorhebung von mir.
6) A.a.O., S. 97. Hervorhebung von mir.
7) Theodor W. Adorno, *Quasi una fantasia*, in: *Musikalische Schriften I-III* (= Gesammelte Werke 16), Frankfurt a.M. 1997, S. 341. Hervorhebungen von mir.
8) Theodor W. Adorno, *Mahler*, a.a.O., S. 206. Hervorhebung von mir.
9) A.a.O., S. 201.
10) A.a.O., S. 208f. Hervorhebungen von mir.
11) Theodor W. Adorno, *Quasi una fantasia*, a.a.O., S. 334.
12) Zum Thema des Zusammenhangs von Musikkultur und österreichischer Identität verweise ich auf meinen Aufsatz *'Singende Saiten' - Splitter zum Zusammenhang von musikalischer Tradition und österreichischer Identität*. In: *Das Gewebe der Kultur. Kulturwissenschaftliche Analysen zur Geschichte und Identität Österreichs in der Moderne*, Innsbruck/Wien/München 2001, S. 165-188. Eine - noch ausstehende - lohnende Aufgabe wäre die Überprüfung der Tauglichkeit des Begriffs der „morphischen Resonanz" des Biochemikers Rupert Sheldrake auf kultursoziologische Phänomene.
13) Theodor W. Adorno, *Quasi una fantasia*, a.a.O., S. 323.
14) A.a.O., S. 324. Vgl. dazu auch die Stelle auf den S. 73 f. im Mahler-Buch, wo es heißt: „Wo der junge Mahler in ungebrochenem Österreichisch wohlig zu komponieren vorhat, wie im Andante der Zweiten Symphonie, nähert er sich dem Gefälligen [...]".
15) Theodor W. Adorno, *Mahler*, a.a.O., S. 138.
16) Theodor W. Adorno, *Quasi una fantasia*, a.a.O., S. 324.
17) Theodor W. Adorno, *Mahler*, a.a.O., S. 209. Hervorhebung von mir.
18) Theodor W. Adorno, *Zu einer Theorie der musikalischen Reproduktion* (= Nachgelassene Schriften, Abteilung I, Bd. 2), Frankfurt a.M. 2001, S. 189.
19) Theodor W. Adorno, *Mahler*, a.a.O., S. 36.
20) Vgl. dazu etwa die Debatte zwischen Peter Stachel und Alexandros Pappas in den „Newsletters" des SFB Moderne in Graz im Frühjahr und Herbst 2001.
21) Theodor W. Adorno, *Mahler*, a.a.O., S. 90.
22) A.a.O., S. 93.
23) A.a.O., S. 121.
24) Hermann Danuser, *Gustav Mahler. Das Lied von der Erde* (= Meisterwerke der Musik 25), München 1986, S. 77
25) Adorno, *Mahler*, a.a.O., S. 188.

Eine Frage des Stils. Zu Ken Russells Film „Mahler" (1974)

Arno Rußegger

> Diese merkwürdige Realität der Gesichte, die sofort zu einem Schemen auseinanderfließt, wie die Erlebnisse eines Traumes, ist die tiefste Ursache zu dem Konfliktleben eines Künstlers. Er ist zu einem Doppelleben verurteilt und wehe, wenn ihm Leben und Träumen einmal zusammenfließt – so daß er die Gesetze der einen Welt in der anderen schauerlich büßen muß.[1]

I. Einleitung

Wenn ich versuche, eine Analyse und Interpretation von Ken Russells Film »Mahler« (1974)[2] vorzunehmen, dann geschieht dies unter ganz bestimmten Voraussetzungen, die es vorweg zu klären gilt.

Meine Fragestellungen zielen nämlich in folgende Richtung: Was bedeutet es, jemandem wie Gustav Mahler in einem Film der siebziger Jahre zu begegnen? Warum gerade ihm? Welche Aussagen ließen sich mittels seiner Person transportieren, welche Konnotationen wurden ihm als einem bedeutsamen Künstler von einem anderen Künstler zugeordnet, der als Film-Autor in Erscheinung trat, das heißt: dass er sowohl das Originaldrehbuch (aus mehreren Quellen) verfasste als auch Regie führte? Was ergab sich daraus? Als Interpret des Films interessiert mich also in erster Linie die Filmfigur „Gustav Mahler" als ein fiktionales Gebilde, als ein Signifikant sozusagen, und nicht die Rückverfolgung von Informationen und Botschaften auf ihr faktisches Substrat. Derartige Ermittlungen sollten Historikern und Musikwissenschaftlern vorbehalten bleiben; ich möchte stattdessen von Bedeutungen und Eigenschaften sprechen, mit denen Mahler in einem bestimmten Kontext ausgestattet worden ist, um die Situation des Künstlers in der Gesellschaft zu beschreiben. Was an ihm wirkte zeichenhaft über die vielen Spekulationen und seinen Tod hinaus? Welche überindividuellen, typisierbaren Sachverhalte, den Künstler und die Kunst betreffend, lassen sich an Mahlers Leben und Werk besonders gut demonstrieren? Welcher Darstellungsmittel bediente Ken Russell sich zu diesem Zweck? Ich werde, wie er, eine Reihe von Lebensumständen und Taten Mahlers für verbürgt genug (an)nehmen, um sie auch sinnbildlich verstehen und verwenden zu können, ohne im Detail den Nachweis ihrer Wahrhaftigkeit führen zu müssen. Wer wollte denn auch kundtun, was für ein Mensch Gustav Mahler wirklich war? Die Lektüre verschiedener Biographien des Komponisten vermittelt jedenfalls einen höchst heterogenen, auf keinen gemeinsamen Nenner zu bringenden Eindruck von ihm. Seine Widersprüchlichkeit wirkt ohne Zweifel als der modernste Wesenszug Mahlers. Es handelt sich also ausschließlich um Fragen zum „Image" eines Menschen, die mich im Folgenden beschäftigen.

Aus der Prädominanz solcher „Images" hat insbesondere der Film Konsequenzen gezogen, die ihn schnell zum Leitmedium und Schreckgespenst der modernen Kulturindustrie avancieren ließen – eine Position, die ihm erst in den 1980ern durch die elektronischen Kommunikationsapparate streitig gemacht worden ist. Eine der früh erkannten und praktizierten Methoden, um das Illusionäre des Kinoerlebnisses zu steigern (und damit von der vorfilmischen Realität dezidiert abzukoppeln), besteht im Einsatz von (nicht-diëgetischer) Hintergrundmusik, die aus dem „off" (jenseits der Leinwand) ertönt und nur wir Zuschauer, nicht aber die Figuren hören können, weil sie eben kein Bestandteil der erzählten (diëgetischen) Welt ist. Diese Musik wurde anfänglich in großen oder klein(st)en Besetzungen live vorgetragen, später dann, nach der Erfindung entsprechender Techniken zur Aufzeichnung von Schallereignissen (in den 1910ern und 1920ern), ein für allemal von eigenen Orchestern der großen Filmproduktionsfirmen eingespielt und, beliebig oft wiederholbar, auf verschiedenen Trägermaterialien konserviert.

Gustav Mahler zu Beginn der Krematoriumsszene, schreiend im Sarg

Lange galt Filmmusik, zumal im akademischen Bereich, als eine *verrufene, bastardisierte Kunstform*, obwohl sie *zu den am weitest verbreiteten musikalischen Gattungen des zwanzigsten Jahrhunderts*[3] zählt. Als Gründe dafür wurden ihre *Kontextabhängigkeit* und ihre tiefe *Verankerung im Populären*[4] sowie in der Spätromantik angeführt. Erst im Laufe der letzten Jahrzehnte hat eine ernst zu nehmende wissenschaftliche Filmmusikforschung eine qualitative und quantitative Aufwertung erfahren.

Das könnte genausogut von der Musik Gustav Mahlers behauptet werden – zum einen in inhaltlicher Hinsicht, weil ihr häufig das Nebeneinander von Großartigkeit und Banalität, von Schönheit, Häßlichkeit und Plagiat vorgeworfen worden ist,[5] und zum anderen in rezeptionsgeschichtlicher Hinsicht, weil der große Boom der Mahler-Renaissance nach lange vorherrschender Ignoranz erst in den 1960ern eingesetzt hat. Mahlers Symphonien lassen sich in mancher Hinsicht als eine Art von „compilation score" erachten, ähnlich der klassischen Form der Filmmusikbegleitung von der Stummfilm- bis in die Nachkriegsära, in welcher bekannte Volkslieder, Opernarien und jedwede Musikstile aus der Hoch- und Unterhaltungskultur aneinandergereiht und kombiniert wurden, um sowohl als emotionale als auch verständnisfördernde Brücke zwischen der Befremdlichkeit der lebenden Fotografien auf der Leinwand und dem staunenden Publikum im Kinosaal zu dienen. Erst aus Europa geflüchtete Komponisten wie Max Steiner, Erich Korngold und Franz Waxman (= Wachsmann) haben damit begonnen, ihre symphonischen Filmmusiken programmatisch und leitmotivisch durchzuarbeiten – Konzepte, die Mahler maßgeblich mitentwickelt hatte. Darüberhinaus nahm er – wenngleich mit den herkömmlichen Mitteln eines Orchesters – die Verräumlichung des Tons vorweg, die kinotechnisch derzeit bis zu Dolby-Digital- und Sensorround-Systemen gediehen ist, und auch die Entwicklung der Filmmusik hin zum Gesang (dort sogar bis zum „Pop-Song-Score"), was zunächst (wegen der als das Bilderlebnis störend empfundenen Textlastigkeit) ebenso undenkbar war wie »Das Lied von der Erde«, eine *Mixtur*[6] aus Liederzyklus und Symphonie.

Freilich ist ein Vergleich zwischen Mahler und Filmmusik nur bedingt zulässig und hinkt in dem Maße, als es sich eben um einen Vergleich handelt; außerdem lassen sich das Primum und das Secundum comparationis keinesfalls ohne weiteres vertauschen, weil in der Praxis die wenigsten Film-Scores an Mahlers komplexe Tondichtungen heranreichen. Dennoch war es nur eine Frage der Zeit, bis letztere aufgrund ihres stilistisch verwandten musikalischen Idioms für den Film entdeckt und dort auch zum Erfolg geführt wurden.

II. Der Film

Zu den relevantesten Leistungen auf diesem Gebiet zählen zwei Filme: neben Luchino Viscontis »Tod in Venedig« (1971) eben Ken Russells »Mahler«. Während jener in herrlichen Kostümen und einer beeindruckenden Belle-Epoche-Ausstattung schwelgt, handelt es sich bei »Mahler« um eine Billigproduktion[7], deren Zeitgenossenschaft im kulturellen Kontext der frühen 1970er vor allem aufgrund der heutigen, viel schnelleren Rezeptionsgewohnheiten und -fähigkeiten des Publikums und eines mittlerweile weniger plakativen Umgangs mit Requisiten aus dem Dritten Reich nicht zu verkennen ist.

Nach dem Titel geurteilt, deutet alles auf eine lebensgeschichtliche Annäherung an den Komponisten hin, die – zusammen beispielsweise mit »The Music Lovers« (= »Tschaikowsky«, 1970) und »Lisztomania« (1975) – zu einer Reihe von Musikerbiographien gehört, die der renommierte britische Filmregisseur im Laufe seiner Karriere fürs Fernsehen und Kino geschaffen hat;[8] in Wirklichkeit aber bezweckte Ken Russell etwas anderes:

> My intention was never to produce a factual, day-by-day account of the composer's life – that's the stuff of newsreels, explaining nothing of the man's inner life. What I've always been after is the spirit of the composer as manifest in his music. This cannot be expressed in either a straightforward, dramatised documentary or in a fictionalised feature film. I try to achieve the cinematic equivalent of a musical form [...].[9]

II.1. Die Musik

Die zentrale Rolle wurde also der Musik zuzugestanden. Das ergab sich aus dem Umstand, dass Mahlers Musik damals urheberrechtlich bereits freigegeben war; überdies ist Mahlers gesamtes Œuvre relativ klein.

Eine Frage des Stils. Zu Ken Russells Film „Mahler" (1974)

So war es möglich, innerhalb der zur Verfügung stehenden Laufzeit des Films von knapp zwei Stunden einen sowohl eigenwilligen, als auch repräsentativen Querschnitt aus Teilen von allen Symphonien zusammenzustellen, und dazu immerhin noch eines der »Kindertotenlieder« zu Gehör zu bringen. Russell hat, gemeinsam mit seinen Mitarbeitern, einen wahrlich furiosen „soundtrack" geschaffen, der die Elemente des Ausgangsmaterials in einen völlig neuen Zusammenhang stellt und ungewöhnliche Wirkungen und Reaktionen provoziert – als würde es sich, in Überlänge und Zeitlupentempo, um ein frühes Musikvideo handeln. Da wie dort besteht das hervorstechendste ästhetische Merkmal in einer hochgradigen Formalisierung, vor allem in einer auffälligen Montage, weil, was an „Inhalten" vermittelt werden soll, gerade nicht auf der Ebene des visuellen oder akkustischen Abbildes liegt. Russell hat damit in ähnlicher Weise der Musik Mahlers den Stempel eigener Interpretation aufgedrückt, wie es der Dirigent Mahler bei den Werken anderer Komponisten zu tun pflegte. In beiden Fällen haben Kritiker Anstoß an diesen Eigenwilligkeiten genommen.

Während filmwissenschaftliche Analysen oft auf eine Erörterung hinauslaufen, inwiefern die Musik zur adäquaten Illustration bzw. Untermalung der Szenen eingesetzt worden sei oder nicht, inwiefern sie inhaltlich parallel oder kontrapunktisch geführt werde zu den äußeren Geschehnissen, ist es Ken Russell nicht darauf angekommen, in freier Assoziation die an und für sich separaten Bereiche Musik und Bilder zu verbinden.[10] Denn Mahlers Musik kann – nach dessen eigener Aussage und nach dem damit übereinstimmenden Stand der Forschung – autobiographisch aufgefasst werden:

> As for Mahler, we know that the second subject of his Sixth Symphony was a musical portrait of his wife, which tells us more in a few bars than a lifetime's research could ever reveal – not only about the woman, but also

> Mahler himself. [...] And so you gradually put the pieces of this symphonic jigsaw together to end up with a colourful portrait, in which the man's life is seen through the mirror of his music.[11]

Das hat u. a. der Dirigent Eliahu Inbal in einem Gespräch mit Karl-Josef Müller bestätigt. Auf die Frage, ob seiner Auffassung nach Mahlers Symphonien *einen unmittelbaren Wirklichkeitsbezug* hätten, *beispielsweise zu Ereignissen in seinem Leben*, meinte Inbal, zweifellos *sei seine Musik auch Spiegel seines Privatlebens oder [...] seines biographischen Lebens*, allerdings nicht in Bezug auf die Privatsphäre, sondern *umfassender* und *allgegenwärtiger*, auf *sein Verständnis von Welt, das sich in ihr niederschlägt*, wie es der Interviewer zusammengefasst hat.[12]

Das eigentliche Thema des Films ist demnach eine Engführung von Leben und Werk Mahlers, ist der zyklushafte Zusammenhang all seiner Tondichtungen, in denen das eigene Schicksal mitunter vorweggenommen zu sein scheint. Im Zuge der weiteren Erörterungen wird deutlich, dass es bei dem zitierten *Spiegel* um eine Reflexion bestimmter Inhalte geht mittels einer bestimmten Anordnung der formalen Bausteine; um den Stil, wie die Bilderfolgen in Analogie zum inneren Bau der Musikstücke zueinander in Beziehung gesetzt worden sind. Die Musik bildet demnach vor allem durch Rhythmus, Harmonien und Disharmonien eine strukturierende Unterlage, auf welcher der Film aufbaut und seine Geschichte entwickelt. Erwin Ratz hat hinsichtlich des Finales von Mahlers 6. Symphonie einmal gemeint, die Katastrophe des letzten Satzes spiele sich nicht in einer außermusikalischen *Vorstellung* ab, zu der wir mit Hilfe eines klingenden Apparates überredet werden, sondern sie sei dem Ablauf der musikalischen Form selbst immanent; die Musik beinhalte die Katastrophe.[13] In diesem Sinne entspinnt sich in »Mahler« ein immanenter Diskurs der Bilder, die auf den verschiedensten Ebenen miteinander in Beziehung gesetzt sind.

Eine Frage des Stils. Zu Ken Russells Film „Mahler" (1974)

Der Film macht Sinn auf der Basis einer musikalischen, dynamischen Struktur dadurch, dass Schnitte und die Elemente der inneren Montage sich orientieren nach den Vorgaben der Musik. Szenen werden weniger kausal-narrativ, als durch Motive verknüpft, als da sind: das Feuer (siehe unten), der Kopf Mahlers (Porträts, Gemälde, Schattenbilder, Büsten, Skulpturen), verschiedene Tänze (vor allem Alma Mahlers), Doppelgänger und Kontrahenten Mahlers (Max, Alma, Hugo Wolf, Otto Mahler, Viscontis „Aschenbach"), bestimmte Situationen (z. B. Interviews, siehe unten) u. dergl.

Andererseits korreliert Ken Russells Einsatz von Musik, Bildern und Dialogen, die eine gemeinsame Filmsprache konstituieren, den Film als ein narratives Medium mit Mahlers Bestrebungen, mit Hilfe der Musik etwas erzählen zu wollen von den ganz großen Zuständen des Menschen, von den Höhen und Tiefen seiner Existenz, von Sünde, Schuld und Gnade, vom Werden und Rhythmus des Lebens unter den grundlegend geänderten Bedingungen der Gegenwart, und vom Tod, in aller Herrlichkeit und Trauer, die ihm zukommen mögen. Da das alles schon von Mahler ziemlich melodramatisch vorgedacht war, in pathetischer Übersteigerung Leid und Leidenschaft stets zusammengehören, bot seine Musik eine perfekte Basis für ein ausgeklügeltes filmisches Experiment, das sich mit den eigenen Ausdrucksmitteln auseinandersetzt.[14]

Musik im Film hat mitnichten nur eine emotionalisierende Wirkung: So wie bei Mahler, für den die Musik ein Werkzeug der Erkenntnis war, kann auch Filmmusik zur Folge haben, dass wir uns ständig des fiktionalen Als-Ob-Charakters der Bilder auf der Leinwand bewußt sind. Sie trennt unsere Emotionen von dem Gezeigten, sodass der Kopf frei wird zum Denken. Die Filmmusik schließt die Welt eines Films nochmals in sich ab und macht den Film wieder mehr zum Film. Ersichtlich wird das bereits in der Eröffnungsszene. Zu sehen gibt es eine kleine Holzhütte, die inmitten eines von Bergen umsäumten Sees liegt und nur über einen schmalen Holzsteg zu erreichen ist. Zu hören ist zunächst nichts, dann eine markante Stelle aus dem ersten Satz der zehnten Symphonie; ausgerechnet der Anfang des Films wird also mit einem unvollendet gebliebenen Musikstück gekoppelt. Die gesamte Eröffnung vermittelt den Eindruck einer Idylle und menschenferner Abgeschiedenheit. Der Kenner wird wahrscheinlich sofort die berühmten Komponierhäuschen assoziieren, die Gustav Mahler ab 1899 nacheinander am Attersee im Salzkammergut, in Maiernigg am Wörthersee und in Altschluderbach bei Toblach in Südtirol errichten ließ, um während der Sommerferien, außerhalb der anstrengenden Theatersaison, möglichst ungestört seiner wahren Passion, dem Komponieren, nachgehen zu können. (*Ich dirigiere, um zu leben. Ich lebe, um zu komponieren*, meint Mahler an einer Stelle des Films.) Allein die außergewöhnliche Länge der völlig starren Kameraeinstellung (in Halbtotale) und die Stille versetzen die Szenerie in Spannung, ohne dass äußerlich irgendetwas passiert, und lassen eine leise Ahnung davon keimen, die vorgeführte Ruhe sei trügerisch. Ken Russell steigert unsere ambivalenten Gefühle und ungewissen Erwartungen, bis er an einem Wendepunkt – zugleich mit dem massiven Einsatz des Orchesters – den aufgestauten inneren Druck löst, indem die Holzhütte plötzlich und ohne ersichtlichen Grund in Flammen aufgeht, wie nach einer Explosion. Daraufhin zoomt die Kamera langsam an die Feuersbrunst heran, die die gesamte Leinwand ausfüllt, und wir erkennen darin, kurz eingeschnitten, einen Mann, der bei lebendigem Leib verbrennt.

Da der eingeblendete Filmtitel ihn als Gustav Mahler (Robert Powell) identifiziert, sind Überlegungen, ob die vorgeführten Bilder mimetisch gemeint sind, endgültig hinfällig. Vielmehr wird sinnbildlich nach außen gekehrt, was im Holzbau drinnen geschieht; der als solcher nicht nachvollziehbare und abstrakte kreative Akt des Komponierens erhält gewissermaßen ein allegorisches Gewand. Faktisches vermischt sich untrennbar mit Erfundenem, das eine fungiert als ästhetisches Scharnier des anderen, da ein Filmemacher darauf angewiesen ist, photographierbare Hüllen (auch und gerade für innere Vorgänge) zu gestalten. Die Tatsache, dass die Szene (ursächlich zweifellos aus Kostengründen) im schottischen Lake District gedreht worden ist und keiner der authentischen Orte als Schauplatz gedient hat, verstärkt letztlich ihren surrealen Charakter, ebenso wie die nächste Sequenz. Mahler selbst vergleicht diesen Teil eines seiner Träume mit dem puppenhaften *Chrysalis*-Stadium von Insekten: eine Frau, die gleich darauf als Alma Mahler (Georgina Hale) erkennbar wird, schält sich wie eine Riesenraupe aus einem Kokon. Das Weibliche in seinen sich wandelnden Formen ist, aus der Sicht des Mannes, Lebensquell und Bedrohung in einem. Umgekehrt firmiert Mahler diesmal als Steinbüste, Ausbund der Gefühlskälte und Abweisung, obwohl er von der Frau umtanzt und schließlich liebkost wird.

Bereits in diesen ersten Minuten werden die Hauptthemen des Films exponiert:

II.2.   Themenschwerpunkte
II.2.1. Der Künstler und der Tod

Der Tod stellte für Gustav Mahler, wie für viele seiner Zeitgenossen, eines der wichtigsten Themen in seinem Schaffen dar. Als einfaches Argument dafür sei angemerkt, dass fast alle seiner Symphonien einen Trauermarsch enthalten. »Mahler« nun erzählt davon, wie er als ein vom Tode Gezeichneter und seine Frau Alma sich in jenem Zug befinden, der sie – nach Mahlers Demission beim New Yorker Philharmonieorchester und ergebnislosen medizinischen Behandlungen einer verschleppten Herzmuskel- und Lungenentzündung durch französische Spezialisten – im Frühjahr 1911 von Paris nach Wien bringt. Mahler will sich endlich an einen stillen Ort mit sauberer Luft zurückziehen, um sich fortan gänzlich dem Komponieren zu widmen.

Diese letzte Reise bildet den roten Faden der Erzählung, in die immer wieder Erinnerungen und Träume (vor allem) Gustavs in Form von Rückblenden und Visionen eingefügt sind. Bei einem, der so viel geträumt und starke Visionen gehabt hat, wie es für Mahler bezeugt ist, darf es nicht verwundern, es ist vielmehr folgerichtig, dass ein Filmregisseur diesen Umstand aufgreift. Im übrigen richtete Russell die Komposition seines Films nach der Form eines Rondos aus, was er selbst als eine bestimmte Abfolge von Themen definierte, nämlich

> [...] original theme, new material, original theme, new material etc. (A, B, A, C, etc.). In this instance, the A theme represented Mahler's long journey by train back to his home (after a tiring conducting tour), interspersed with flashbacks of his journey through life.[15]

In diesem Kontext also taucht das besagte Feuer auf, das sowohl das Genialische an Mahler bezeichnet, als auch seine absolute Obsessivität, die Rücksicht weder auf sich selbst noch auf andere nahm. In den späteren Schlüsselpassagen des Films, das sind Mahlers Alptraum während einer Herzattacke, in dem er sein eigenes Begräbnis in einem Krematorium halluziniert, und die Konversionsszene, in der Mahler vom Judentum zum Katholizismus übertritt, wird das Feuer-Motiv wieder aufgegriffen. Darüberhinaus hält eine Fülle von Nebenszenen – wie das Gespräch über den Tod mit der kultivierten, afrikanischen Prinzessin (Elaine Delmar), die bereit ist, mit Mahler das Abteil zu tauschen, damit er mehr Ruhe hat – thematische Variationen bereit und frappante musikalische Pendants zwischen den einzelnen Feuer- und Todesmotiven, denen Ken Hanke in einer detaillierten Analyse nachgegangen ist.[16]

Drei Personen sind es, die zu Beginn mit dem Feuer in Verbindung gebracht werden, und sie alle werden dadurch charakterisiert: Mahler, der sich verzehrt in konzessionslosen Absolutheitsansprüchen, in seinem Streben nach künstlerischer Vollkommenheit; die Operndiva Anna von Mildenburg (Dana Gillespie), Mahlers Künstlerliebe, die dem Feuer (und damit implizit Mahler) mit dem Gehabe einer Vestalin begegnet, huldigend und unterwürfig zugleich; und schließlich Maria Anna (1902-1907), genannt Putzi, Mahlers älteste und heiß geliebte Tochter, deren Lebenskraft im Kindesalter verglüht. Sie stirbt in Maiernigg vor dem fünften Geburtstag an Scharlach und Diphtherie. Russell nimmt darauf Bezug und platziert in einer Einstellung nach einer heftigen Kontroverse zwischen Gustav und Alma einen Kindersarg auf seinem geschlossenem Flügel. Auf das Feuer-Motiv kommen wir zurück.

II.2.2. Der Künstler und die Frauen

Alma Mahlers spektakuläre Wiedergeburt in der oben erwähnten *Chrysalis*-Szene wird nachträglich zwar als ein Traum ihres Gatten ausgegeben, der von Fieberschüben geschüttelt wird. Ken Russell interessiert jedoch nicht die Ehe der beiden, die seit jeher zu wilden Gerüchten Anlass gegeben hat; er befriedigt keinerlei voyeuristische Gelüste, die vor allem die vielen indiskreten Details in Almas Tagebüchern und Memoiren geweckt haben. Vielmehr beschäftigt Russell sich mit dem Grundkonflikt des Mannes als Künstler und umgekehrt, mit den Einflüssen, die sexuelle Begierden und familiäre Abhängigkeiten auf die schöpferische Produktivität nehmen. Diese Probleme werden (ebenso in Filmen wie »Tschaikowsky«, »Lisztomania« oder »Valentino«) zwar vordergründig aus der Perspektive eines latent homosexuellen Mannes angesprochen, doch Russell übergeht nicht die fatalen Konsequenzen für die betroffenen Frauen. Im Gegenteil: Alma ist ein Paradebeispiel für eine Frau, die ihre eigene Künstlerlaufbahn zugunsten ihres Mannes hintangestellt und sich das Komponieren ausreden lassen hat.

Russells Befund ist für beide Seiten ernüchternd. Konstatiert werden massive Irritationen sowohl der männlichen als auch der weiblichen Identität. Eifersucht, Neid, Profilierungskomplexe, Ausbeutung und sogar Aggressionen wirken viel stärker (und negativer) als jede (positive) Vorstellung von Liebe, Musenküssen oder Inspiration. Dazu kommen noch Belastungen durch die üblichen institutionsbedingten Verknöcherungstendenzen bürgerlicher Ehebeziehungen, die künstlerischen Ambitionen ebenfalls hinderlich sind. Bemerkenswert ist übrigens, dass es für Gustavs ständige Eifersüchteleien keinen expliziten Beweis gibt; wir sehen Alma an keiner Stelle des Films die Ehe brechen. Umgekehrt hat sie durchaus Grund dazu, eifersüchtig auf Anna von Mildenburg zu sein, als sie etwa beobachtet, wie Mahler sie küsst.

Alma Mahlers gespreizte Beine, aus dem Sarg betrachtet

Eine Frage des Stils. Zu Ken Russells Film „Mahler" (1974)

Weder Gustav noch Alma sind sympathische Figuren, die das Publikum zu kritikloser Identifikation einladen. Zentral ist sein Ego, das in der alleinigen Ausrichtung auf das Komponieren und die Musik alles andere als nachrangig erachtet. Diese Unterordnung bringt (die reproduzierende Künstlerin und Sängerin) Anna anscheinend leichter auf als Alma mit ihren höheren Ansprüchen als (produzierende) Komponistin. Im Laufe des Films gibt es ergreifende Momente, die Almas verhindertes Künstlertum veranschaulichen, wenn sie etwa während einer Probe Gustavs mit Anna von Mildenburg die vom Gatten geringgeschätzten Partituren im Wald vergräbt und sich dann auf dem Boden wälzt. Auf diese Weise wird gleichsam ein alternatives, weibliches, nie geschriebenes oder nicht überliefertes »Lied von der Erde« beschworen (zu Klängen übrigens von Richard Wagners »Liebestod«).

Alma und Anna sind jedoch nicht die einzigen weiblichen Gestalten, deren Verhältnissen zu Mahler nachgespürt wird; in dessen Kindheitserinnerungen dreht sich die Handlung immer wieder um die Mutter, zu der Mahler eine starke Bindung nachgesagt wird, und später dann im wesentlichen um Cosima, die in Musikerkreisen ihrer Zeit höchst einflussreiche Witwe Richard Wagners. Auch die Vaterbeziehung zu den beiden kleinen Töchtern Maria und Anna wird in einigen Sequenzen des Films näher beleuchtet, wenn beispielsweise Mahler mit ihnen anhand eines bebilderten Katechismus über Gott und Christus redet, über den Geist und die Seele als das Bleibende im Menschen, das nicht stirbt, sondern zu einem Teil Gottes wird. Unter der Hand erläutert er dabei sein manichäisch gefärbtes Weltbild, in dem die Mächte des Himmels und der Hölle, Lichtengel und Dämonen, in einen ständigen Kampf verwickelt sind. Eingebettet sind diese Erinnerungen an die Gespräche mit den Kindern in jene, oben bereits erwähnte Szene, in welcher der Tod als schwarze Frau in weißen Kleidern auftritt, was paradox aussieht und rührend zugleich. Denn am Ende hält Mahler der Schwarzen gegenüber ein flammendes Plädoyer für die Liebe. Es sei ein Missverständnis, erklärt er ihr, die 9. Symphonie als Abhandlung über den Tod zu verstehen, wie sie es getan habe. Diese Symphonie sei vielmehr ein *farewell to love*, ein Abschied.

II.2.3. Der Künstler als Popstar

Über Gustav Mahler weiß man, dass er selbst und etliche seiner Kommilitonen und Kollegen ihre Begeisterung für Richard Wagner oder Anton Bruckner in exzessivster Weise auslebten; Mahler seinerseits muss zu Lebzeiten bereits ein in der Öffentlichkeit ziemlich bekannter Mann gewesen sein, der bei zahlreichen Gelegenheiten den wankelmütigen Stimmungen eines fanatisierten, in seinen Reaktionen von der Presse immer manipulierteren und emotionalisierteren Publikums ausgesetzt war.

Aufschlussreich in diesem Zusammenhang ist das Motiv der Eisenbahnfahrt; es bezeichnet nicht nur ein historisch belegbares Ereignis, sondern verweist auf den Umstand, dass Mahlers internationales Wirken überhaupt erst möglich war aufgrund der gesteigerten Mobilität, die die Erfindung neuer Verkehrsmittel im neunzehnten Jahrhundert mit sich gebracht hat. Immerhin hat Mahler mehrmals den Atlantik per Schiff überquert und als Dirigent sowohl in Amerika als auch Europa recht ausgedehnte Tourneen (zwischen Helsinki, St. Petersburg und Rom) unternommen. Dementsprechend zeigt Ken Russell eine große Anzahl von Mahlers Fans, die in den Bahnhöfen entlang seiner offensichtlich allgemein bekannten Reiseroute in freudiger Erwartung ausharren, um einen Blick auf ihr Idol oder ihm Blumen durchs Fenster werfen zu können, die er allerdings als *wreaths*, Grabkränze, abtut. Die sarkastisch inszenierte Episode mit einem Journalisten namens Siegfried Krenek (von den *Toblach News*), der sich ungebeten Zutritt im Abteil verschafft, illustriert, wie aussichtslos es ist, sich als prominenter Star der Impertinenz öffentlicher Neugier entziehen zu wollen. Mahlers Rückzug aufs Klosett bietet bei dieser Gelegenheit keinen wirksameren Schutz wie in der Kindheit vor der Familie. Gleichzeitig nutzt Russell die Interview-Szene, um die Vita Mahlers in einigen wesentlichen Details kurz zu rekapitulieren: Warum er New York verlassen habe? Aus Konkurrenz etwa zu Toscanini? Oder aus gesundheitlichen Gründen? Fühlte er sich immer noch verkannt als Komponist? Warum sei Mahler überhaupt fort aus Wien, damals 1907? Hatte er Anstoß an der k.u.k.-Ministerialbürokratie genommen, für die Mahler nichts als ein Beamtensklave war, oder gar am grassierenden Antisemitismus? Russell lässt Mahler sämtliche Unterstellungen, Untergriffe und Anmaßungen mit einer rhetorischen Geschliffenheit kontern, die den wortgewandten „homme des lettres" in ihm erahnen lässt. Nicht von ungefähr hat Mahler etliche Texte seiner ersten Liedkompositionen selbst verfasst und ist berüchtigt dafür, Partituren mit komplizierten Anweisungen für Musiker und Dirigenten versehen zu haben, deren Deutung bis zum heutigen Tag zu Polarisierungen Anlass gibt.

Informationen zur Vorgeschichte der Handlung sind wichtig für das Verständnis des Kinopublikums; indem Russell sie einem sensationsheischenden Zeitungsmann in den Mund legt, stattet er sie jedoch mit einer gewissen Unglaubwürdigkeit aus. Einen ähnlichen Eindruck erhält man etwas später, wenn in Rückblenden von Besuchen Mahlers und seiner Schwester bei Hugo Wolf (David Collings) im Irrenhaus berichtet wird. Auch die Dialoge zwischen den ehemaligen Studienkollegen werden mit einigen Fakten angereichert, die Mahlers Werdegang betreffen. Da der geistig umnachtete Wolf, ein Mitbewerber um den Posten des Hofoperndirektors, sich für Kaiser Franz Joseph hält, geht er auf die Situation ein, die letztlich zur Bestellung Mahlers führt. Seine Aussagen über den von Cosima Wagner beherrschten Musikbetrieb und ihren Antisemitismus nehmen einerseits immer groteskere Züge an; andererseits nimmt Mahler sie so ernst, dass er beschließt, katholisch zu werden, um Cosima Genüge zu tun. Hugo Wolf/der Kaiser richtet an Gustav die Aufforderungen zu beweisen, Walzer tanzen zu können, und schließlich die Hosen hinunterzulassen. Daraufhin inspiziert er höchstpersönlich Mahlers Beschneidung. Hier formuliert Ken Russell implizit einen bissigen politischen Kommentar zum prekären Zustand der Österreichisch-Ungarischen Monarchie in ihrer Endphase vor Ausbruch des Ersten Weltkriegs; individuell auf Mahler bezogen, wird unmittelbar einsichtig, welches Trauma die ethnische Herkunft und religiöse Prägung für einen assimilationswilligen Juden wie ihn dargestellt haben; und im allgemeinen trägt die Sequenz dazu bei auszuloten, zu welch weitreichenden ideologischen Zugeständnissen damals viele bereit waren, entweder um eines materiellen Vorteils willen oder um bloß „dazuzugehören". Identitätsflucht und Identitätssuche sind bei Ken Russell stets heillos ineinander verwoben. Mahler erscheint in dieser Hinsicht als exemplarischer Fall, Hugo Wolf im Kontrast dazu als kompromisslosere, ausgesetztere Figur, zerrissen zwischen imperialen Allmachtsphantasien und buchstäblich nackter Verzweiflung in der Einsamkeit einer primitiven Anstaltszelle. In dieser Verfassung wird Wolf als abschreckendes Beispiel für Alma hingestellt. Mahler möchte (ob aus heuchlerischen, besorgten oder selbstbetrügerischen Gründen bleibe dahingestellt) nämlich nicht, dass sie – ungeachtet des vorhandenen Talents – *so verletzt* würde wie jener. Die Idee, er selbst könnte durch seine Ignoranz auf Alma weitaus verletzender wirken, kommt Mahler gar nicht.

Während eines kurzen Aufenthalts in einer der Bahnstationen sieht Mahler gleich zu Beginn des Films vor seinem Abteilfenster einen schönen jungen Burschen, mit langen blonden Haaren und einem Matrosenanzug bekleidet, herumlaufen; auf einer Bank daneben sitzt ein älterer Herr, die Hände verklemmt auf dem Schoß verschränkt, der den

Eine Frage des Stils. Zu Ken Russells Film „Mahler" (1974)

Jungen verstohlen und fasziniert beobachtet. Dass es sich um keine zufällige, obgleich völlig fiktionale Begebenheit handelt, ist nicht zuletzt an der musikalischen Untermahlung der Szene mit dem 4. Satz aus Mahlers 5. Symphonie zu erkennen. Denn das berühmt gewordene Adagietto fungiert seit Luchino Viscontis »Tod in Venedig«, dem die beiden auf dem Perron befindlichen Personen entsprungen zu sein scheinen, als eine Kennmelodie in Sachen Gustav Mahler. Bekanntlich wurde Thomas Manns gleichnamige Erzählung von Visconti als ein Schlüsseltext in Bezug auf den Komponisten gedeutet und umgesetzt. Russell greift darauf zurück, stellt einen pointierten intertextuellen Zusammenhang her, zitiert Viscontis Vorbild und distanziert sich im selben Augenblick davon, indem sein Mahler mit einem Doppelgänger konfrontiert wird. Das ist einerseits ein Scherz, ein In-Joke, der es erlaubt, vor der etablierten Folie eines erfolgreichen, populären Films ganz konträre Akzente zu setzen und zu legitimieren – vor allem im erotischen Bereich, der von Visconti höchst sublimiert behandelt wird, von Russell aber relativ drastisch. Andererseits kommt eine weitere Facette der Auseinandersetzung mit dem Medium Film insgesamt und einzelnen Filmen im besonderen ins Spiel, die die meta-diskursive Struktur von »Mahler« prägt.[17]

Wie gesagt, ist der Film nicht als Geschichtsstunde gemeint.[18] Es handelt sich um einen Film über Film, in ähnlicher Weise, wie die Musik Mahlers stets auch eine ironische Infragestellung ihrer eigenen Machart enthält und nicht aus Klängen einer treuherzigen Schönheit besteht.[19] Ken Russell hat eben versucht, in seinem Metier etwas Ähnliches zu leisten, wie Gustav Mahler in dem seinen: ein Werk aus autoreferentiellen, selbstbezüglichen Bauformen zusammenzusetzen. Man denke beispielsweise an die 7. Symphonie, deren avantgardistisches Konzept auf ein gigantisches *Katz-und Maus-Spiel* hinauslaufe, in dem *Mahler die Gesellschaft mit ihrem Pomp und Flitter zum besten halte*. Doch die *satirischen Seitenhiebe* gälten nicht nur der Gesellschaft, sondern *vielmehr der prätentiösen Komponiertechnik*[20] der meisten Zeitgenossen. Das wirkte damals, wie noch in den 1970ern, für viele provokant und verstörend. Mittlerweile ist durch die Theoriebildungen der sogenannten Postmoderne ein Begriffsfundus bereitgestellt worden, der Mahler und Russell zugute kommt, da mit seiner Hilfe künstlerische Modelle einer spielerischen, experimentellen, von Sinnzwängen befreiten und ins Absurde gesteigerten Unterwanderung von Konventionen besser beschreibbar und zu würdigen sind, ohne sie von vornherein als dekadent zu denunzieren. »Mahler«, der Film, ist geprägt von einem Protest gegen jede etablierte Kultur, der aus einer ambivalenten Haltung resultiert: Russell skizziert in all seinen Künstlerbiographien nämlich Persönlichkeiten, die das Establishment zugleich grundsätzlich in Frage stellten und (zumindest zeitweise) erfolgreicher Teil davon waren: als Filmstar, als Instrumentalvirtuose, als Operndirektor. Valentino, Liszt, Tschaikowsky, Mahler und, nicht zu vergessen, Ken Russell selbst haben gemeinsam, dass ihre rebellischen und repräsentativen, ihre idealistischen und integrativen Kunstübungen nicht auseinanderzuhalten sind. Das positioniert sie an Schnittstellen zwischen elitärer und populärer Kultur, in der massenhafte Breitenwirkung und Subversion in eins fallen.

II.2.4. Gustav Mahler und Ken Russell

Weder Ken Russell noch Gustav Mahler haben jemals gezögert, Werke anderer als kreativen Impuls zu vereinnahmen; beide agierten gleichermaßen als Adapteure und als Urheber. Russell vermittelt in seinem Film mit großem Einfühlungsvermögen, wie der zunehmende Erwartungs- und Erfolgsdruck seitens der gesellschaftlichen Öffentlichkeit Mahlers Zustände zwischen Intro- und Extroversion, zwischen labiler Verletzlichkeit und stählernem Durchsetzungsvermögen noch extremer hervortreten lassen – nicht zuletzt in seiner Musik, die eine Vielfalt stilisti-

Eine Frage des Stils. Zu Ken Russells Film „Mahler" (1974)

scher Komponenten in sich vereint und einen pop-artigen Charakter annimmt.[21] Weiters wurde Mahler oft vorgeworfen, er versuche durch den ungewöhnlichen Stil einer Aufführung grundsätzlich jedes Musikwerk zu etwas Eigenem zu verwandeln. Er lasse keine Werktreue erkennen und verändere notfalls sogar die Orchestrierung eines Ludwig van Beethoven – was tatsächlich geschah, wenn es die Akustik eines Theaters oder Konzertsaals Mahlers Meinung nach erforderte. (Ebensowenig erachtete er seine eigenen Partituren jemals für endgültig.) Auch Ken Russell kennt scheinbar nur eine Treue gegenüber den eigenen künstlerischen Ansprüchen und bedient sich fremder Vorgaben ohne Bedenken, als hätte er das bei Mahler gelernt.

Die entscheidende Parallele zwischen Russell und Mahler liegt zweifellos darin, dass beide zum Katholizismus konvertiert sind, was jeweils markante Rückwirkungen auf ihre Werke hervorgerufen hat, die voller katholisch-religiöser Motive und Symbole sind.[22] Wie Mahler (und wohl die meisten Gläubigen) hat sich Russell zwar eine sehr persönliche Variante des Katholischen zurechtgelegt, doch vor allem dessen Umgang mit Verdammung und Erlösung hat es ihm angetan, wohingegen die Amtskirche als Institution ihn praktisch nicht interessiert.

> Of course, there can be no forgiveness without the recognition of sin, and much of Russell's work is concerned with the ability of his protagonists to understand and come to terms with their sins and feelings in order to attain this level of forgiveness.[23]

Auf der Basis der bisherigen Ausführungen ist es naheliegend, »Mahler« zu guter Letzt als ein Selbstporträt Ken Russells zu betrachten: *In many respects it's a film about me.*[24] Diesem Interpretationsansatz entsprechen die Traum- und Phantasie-Einschübe in das Ganze des Films. Sie dienen dazu, die Mentalität jener Figur auszumalen, deren (personaler) Standpunkt für die jeweils dahinter stehende Erfahrung ausschlaggebend ist; Russell geht aber noch darüber hinaus, indem er sich (praktisch von einem auktorialen Standpunkt aus) einzumischen beginnt und die Einfügungen als Kommentare nützt, die er zu bestimmten Ereignissen auf der Real-Ebene des Films abgibt. Daher lässt er die Figuren in den Dialogen häufig auf das zu reden kommen, was die Zuschauer aus den Visionen kennen. Die verschiedenen Wirklichkeitsebenen sind eng miteinander verknüpft, ohne spezielle Tricktechniken zur Kennzeichnung der Übergänge; die Einbildungs- und Abbildfunktion des Films gehen übergangslos ineinander über. Allein dadurch wird der ästhetische Status des Mediums selbst in Erwägung gezogen, in unspektakulärer, klarer und präziser Form, die als solche signalisiert, dass es keine neutrale Wiedergabe bzw. Reproduktion der Welt im Film gibt; seine Licht- und Schattenspiele sind deren Eben- und Gegenbild in einem. Dem entspricht in Mahlers Musik eine Konzeption, die auf einer *Disparatheit der Elemente* beruht, die gemeinsam mit *einer krasse[n] Orchestration*[25] dazu führt, dass letztlich *Ironie und Verbissenheit* herrschen, *und vor allem der Teufel*, was bedeutet, *dass Schönheit nicht einfach Schönheit ist.*[26]

II.3.   Film im Film

Analysiert man die Umsetzung der oben skizzierten Hauptthemen, dann fällt auf, wie viele der überlieferten Ereignisse und Anekdoten Ken Russell gar nicht berücksichtigt hat, obwohl sie – unter spekulativen Gesichtspunkten – für einen attraktiven Film gut geeignet wären: als (willkürlich gewählte) Beispiele seien die Konsultation Sigmund Freuds erwähnt, die 1910 im holländischen Leiden stattfand und selbstredend zu einer psychoanalytischen Diagnose führte, die Mahlers ausgeprägten Ödipuskomplex belegte; oder jene beiden Vögel – waren es ein Adler und eine Krähe oder ein Geier und ein Rabe,[27] man weiß es

Eine Frage des Stils. Zu Ken Russells Film „Mahler" (1974)

nicht genau –, die eines Tages ein Fenster des Toblacher Komponierstudios durchschlugen und vom abergläubischen Mahler als böses Omen gedeutet wurden. Es wäre jeweils ein Leichtes gewesen, solche Inhalte zu nutzen, und doch wartet Russell mit etwas anderem auf.

Seine Darstellung ist geprägt von Unbändigkeit, Überspitztheit, Sprengung und Fragmentierung traditioneller Sinneinheiten. Insoferne *Gebrochenheit [...] Mahlers ureigenster ‚Ton' [ist], der Ton eines Menschen, der den Frieden sucht und ihn niemals findet, sich möglicherweise manchmal täuscht, ihn gefunden zu haben,* kann innere und äußere Brüchigkeit auch bei Russell als *das tragende, formbildende Element*[28] konstatiert werden. Parallel dazu ergeben sich aber (im Sinne einer Kontrastmontage) neue Bezüge, Vergleiche und komplementäre Strukturen.

Damit kommt Russell ideell sowohl seiner Vorlage nahe als auch dem Zeitgeist der siebziger Jahre. Wie in einem monumentalen Videoclip frönt er einer Ästhetik des permanenten, ohne Hektik stattfindenden Kontextwechsels. Auf Querelen mit Alma folgen Reminiszenzen an glücklichere Ehetage, als jeder noch so skurrile Wunsch Mahlers für Alma ein Befehl war. Denn sie hat sein universelles Genie erkannt, und Ken Russell lässt die Kamera, Verbündete des (männlichen) „Geistes", eine Fahrt über den See machen, dann nach oben fliegen, mit den Sonnenstrahlen, hoch hinauf ins Gebirge, bis ins All, und bringt schließlich den bläulichen Erdball ins Bild, wie wir ihn von Raumschiffen aus kennen, überblendet ihn mit Mahlers Kopf, der zum Pendant des Kosmos wird. Damit der extrem lärmempfindliche Gatte ungestört komponieren kann, bringt Alma alles in seiner Umgebung zum Schweigen: das Baby unter Zuhilfenahme eines Spielzeugs, die Kühe und einen Hirten, indem sie ihnen die Glocken bzw. (nach einem Kuss!) die Flöte abnimmt; sogar Kirchenglocken hören auf ihre Initiative hin zu läuten auf. Sie stellt eine Gruppe von Volkstänzern mit einer Runde

Bier ruhig und dirigiert am Ende der Sequenz eine lautlose Polka; gespenstisch wird dazu ein sogenannter Schuhplattler hingelegt. Dazwischen werden immer wieder Porträtaufnahmen und Dirigierbewegungen Mahlers eingeschnitten, der für seine gerade in Entstehung begriffene Musik genau die gleichen, in der „Realität" soeben zum Verschwinden gebrachten Geräusche und Klänge verwendet. Das Kinopublikum scheint – bei aller Widersprüchlichkeit und Ironie – in die Lage versetzt zu werden, unmittelbar am schöpferischen Akt, der sich im Kopf und Körper des Künstles vollzieht, teilzuhaben.

Das wirkt wie ein Märchen und wird in entsprechend malerischer, romantisierender Weise ins Werk gesetzt, mit Bildern, die dem Gezeigten keine zeitliche oder örtliche Eindeutigkeit zuordnen. Einmal sind wir (Zuschauer) gleichsam in Mahler drinnen, werden mitgerissen von seiner Schaffenskraft, dann sind wir Zeugen von kindlichen Spielen und Neckereien der beiden Eheleute beim Baden, bis Alma schließlich Gustav als Vogelscheuche mit einem Kürbiskopf verulkt. In einer anderen Situation sehen wir mit Almas Augen eine Doppelfigur mit Zylinder; eine vermummte Gestalt, die Alma selber ist wie ein Schatten, folgt Mahler an einen völlig unbekannten Schauplatz. In einem weitläufigen Stiegenhaus steigen die beiden eine Treppe herab, bedrohlich und jubelnd erwartet und umringt von einer Menschenmenge, der Mahler freundlich zuspricht, während sich der Doppelgänger plötzlich allein auf dem untersten Stiegenniveau befindet. Die implizite Logik filmischer Blickrichtungen wird mehrfach durchbrochen und verfremdet durch irritierende Standpunkte der Kamera. Mannigfach sind die desorientierenden Momente für das Publikum; was als Verbindungselement bleibt, ist die Musik, die allerdings ihrerseits die moderne *Heuchelei und Lügenhaftigkeit*[29] in Kunst und Leben anspricht und von kalkulierten Stilbrüchen geprägt ist. Kalkuliert deshalb, weil Mahlers musikalisches Gefühlstheater die starken Gegensätze im Ton, in den Tempi, in der Instrumentierung benötigt, um ohne lange Erklärungen verständlich zu sein. Weltschmerz und Hohn, Bizarrerie und Pathos, Einsamkeit und Naturtrunkenheit, Schmeichelei und Rücksichtslosigkeit, Monumentalität und Folklore, Emphase und Exhibition lassen einen Reigen von leidenschaftlicher Expressivität entstehen.

Ken Russell führt – in paradoxem Einklang damit – das Leben Mahlers vor Augen, indem er verschiedene Stile heranzieht, die der Filmgeschichte entstammen, im Wesentlichen standardisierte Sujets und Zeichensysteme, die wie alte Bekannte sofort wiedererkannt und in krasser Überzogenheit miteinander kombiniert oder gegeneinandergestellt werden können. Er orientiert sich am Stumm-, Slapstick-, Revue-, Kostüm- und Pornofilm, am Melodram und Musical. Dabei bleibt offen, ob seine Absicht in einer Parodie oder einem Pastiche besteht, ob die offensichtliche Nachahmung also einer Verspottung dienen soll oder einer eher affirmativen Einfühlung in die ästhetische Machart eines originalen Musters.

So oder so herrscht jedoch eine Tendenz vor zur „experimentellen" Abstraktion, die an künstlerische Methoden insbesondere des Surrealismus erinnert. Diverse Versatzstücke der Filmstile, die ganz formalistisch und bar jeglichen Inhalts behandelt werden, zielen in der konkreten Zusammenstellung auf (für damalige Standards ziemlich aggressive, für heutige recht harmlose) Wahrnehmungs-Schocks, auf Bewußtseins-Stimuli durch verblüffende Bildarrangements und Symbolismen, um naive mimetische Verfahren aufzubrechen, als pure Konvention zu entlarven und umzuinterpretieren. Manches mag dabei zum pseudo-subversiven Gag verkommen sein (wie beispielsweise die tanzenden Nazis oder der Schweinsrüssel, in den Mahler nach seiner Konversion zum Katholizismus genüsslich beißt, siehe unten); insgesamt bringt es Russell im Rahmen seiner Stilübungen jedoch zu einer Kunstfertigkeit, die abschließend anhand von ein paar ausgewählten Handlungseinheiten diskutiert werden soll.

Die märchenhaften Elemente des Films erfahren ihren Höhepunkt im Zuge jener Rückblenden, in denen Mahlers Kindheit und Jugend vergegenwärtigt werden. Ausgangspunkt ist eine realistische Schilderung der Zustände im Iglauer Elternhaus, die von Charles Dickens stammen könnte. Der cholerische Wein- und Spirituosenhändlers Bernhard Mahler (Lee Montague) nimmt es mit der ehelichen Treue nicht so ernst, schlägt dafür ab und zu seine Frau und treibt seinen Sohn mit Ehrgeiz und Härte zur Anpassung an die Deutschen. Als Gustav (Gary Rich) bei einer Aufnahmsprüfung in eine deutsche Schule versagt, reagiert der Vater rabiat. Ken Russell bedenkt ihn mit verzerrendem Spott, wenn ausgerechnet er, der Säufer und Schläger, für ein Studium der Grammatik und Goethes plädiert. Seine permanenten Ausfälle gegen die jüdischen Mitglieder der Familie, seine Vorbehalte gegen die musikalischen Ambitionen Gustavs und seine rein materiellen Interessen, die er mit jeder Ausbildung des Sohnes verbindet, rücken dessen Minderwertigkeitsgefühle und gesellschaftlichen Anpassungsbestrebungen in ein anderes Licht. Ebenso Gustavs Versuch, mit Nachbarsburschen um die Wette zu schwimmen, die ihn als Juden denunzieren. Daher zögert der Junge keinen Augenblick, bedenkenlos in einen See zu springen, obwohl er nicht gut schwimmen kann, wie sich herausstellt. Beinahe ertrinkt er, wird quasi einem Todesnäheerlebnis und einer taufähnlichen Wiedergeburt im Wasser (nach katholischem Muster) unterzogen, indem er schließlich von den anderen und dem Landstreicher Old Nick (Ronald Pickup) gerettet wird. Old Nick ist eine ausgesprochen märchenhafte Figur und gleicht dem Typus nach Pan oder Dionysos. Er lehrt Gustav schwimmen, weiht ihn in die Geheimnisse der Natur ein und bringt sie für ihn zum Klingen. Darüberhinaus rekapituliert diese wichtige, wenngleich völlig erfundene Szene, gewisse

Eine Frage des Stils. Zu Ken Russells Film „Mahler" (1974)

Wesenszüge Mahlers, seinen Ehrgeiz und Wagemut, seine Radikalität, Entschlossenheit und Panik, allerdings auch seine Todessehnsucht und sein mystisches Verhältnis zur „Natur". Denn in der Folge eröffnen sich für Gustav in einer Reihe von Epiphanien die Töne der Wolken vor dem Mond, eines Spinnennetzes, eines Käutzchens, eines Fuchses und einer Igelfamilie, bis ein weißes, ungestümes Pferd auftaucht, das er jedoch zu besänftigen und, zu Hörner- und Tropetenstößen, in einem wildem Galopp durch den Wald zu reiten vermag.

Striptease und Grammophon

Konterkariert wird dieses wundersame Geschehen mit der Rückkehr Mahlers vom Abort ins Zugabteil. Doch auch dort herrscht nicht Realität vor, denn er wird von einem gewissen Max (Richard Morant) erwartet, der weniger als reale Person in Erscheinung tritt, sondern offensichtlich als Projektionsfläche für Mahlers Ängste und Unsicherheiten, wie sie kurz darauf in der Krematoriumsszene zum Ausdruck kommen. Max trägt eine k.u.k.-Husarenuniform, gibt sich in einem äußerst gereizt geführten Dialog als Geliebter Almas aus und tut alles, um Gustav zu provozieren. Er vereint in sich sowohl das Militärische, dem Mahler seit seiner Kindheit, die er in unmittelbarer Nähe einer Iglauer Kaserne verbrachte, mit Hassliebe verbunden war, als auch Rivalität und Konkurrenz. Nicht von ungefähr taucht Max deshalb in jenem Alptraum auf, in dem Mahler seine eigene Verbrennung imaginiert.

Eine Gruppe von Männern – unter ihnen Max – in schwarzen Uniformen, die an das Aussehen der Nazi-SS erinnern, hat einen Sarg mit Guckloch geschultert: darin liegt Mahler, unhörbar schreiend, mit weit aufgerissenen Augen; vorneweg stolziert Alma. Während alle Vorbereitungen für die Feuerbestattung getroffen werden, verwandelt sie den Totentanz in einen obszönen Can Can, spreizt die Beine über dem Sarg, den sie per Knopfdruck in die Feuerzelle schickt. Von Mahler bleiben lediglich ein Haufen Asche übrig und, irrwitzigerweise, seine Augen. Alma liebkost inzwischen statt des leibhaftigen Mahler einige Bildnisse, Gemälde, „Images" von ihm, kokettiert mit Max, tanzt wie Salome einen Striptease und reitet schließlich nackt auf einem riesigen Grammophon, aus dem Mahler-Klänge wie Heavy-Metal-Musik tönt und dessen Trichter von der Kamera so aufgenommen wird, als sei er zu Almas überdimensionalem Geschlechtsorgan mutiert.

Russells Subtext für diese Szene verwertet, wenn man so sagen will, die Ansicht von keinen Geringeren als Max Brod und Albert Camus, dass Teile der 5. und 6. Symphonie Mahlers als musikalische Vorausahnungen der großen Katastrophen des zwanzigsten Jahrhunderts begriffen werden können, der Massenvernichtungen und Materialschlachten in den Schützengräben und auf den Schlachtfeldern der Weltkriege, ja sogar des Holocaust in Treblinka und Auschwitz. Dessen ungeachtet, haben Russells ungezwungener, tabubrecherischer Umgang vor allem mit der erotischen Dimension des Nationalsozia-

Eine Frage des Stils. Zu Ken Russells Film „Mahler" (1974)

lismus seinerzeit einen Skandal ausgelöst – wie kurz zuvor auch Liliana Cavanis Film »Der Nachtportier« (1973), eine Studie über die makabren Verflechtungen von Eros, Sadomasochismus und Faschismus. Demgegenüber fielen andere Zitate und Verfremdungsmittel, die in »Mahler« eingebaut sind – etwa die Persiflage der Art und Weise, mit der Luchino Visconti in »Tod in Venedig« ein voyeuristisches Drama der Augen-Blicke inszenierte, des Sehens und Beobachtens, des Beobachtens des Beobachters (= Aschenbach/Mahler), oder die Anleihen bei diversen Musicals und Tanzfilmen – nicht ins Gewicht. Der Affront, dass einer sein historisches Wissen im nachhinein ge- bzw. missbraucht, um Kontinuitäten zu suggerieren, wo man lieber Schlussstriche zog (zwischen Erstem und Zweitem Weltkrieg, zwischen ethnischen Assimilations- und Säuberungsaktionen, zwischen Wollust und Menschenverachtung), wog viel schwerer als die vorsätzliche Abarbeitung und Reflexion filmhistorischer Positionen zu solchen Themen.

Heute, in Zeiten des neoliberalen Utilitarismus und Verwertungswahns, ist die politische Provokation von damals kaum mehr auszumachen. Offensichtlich war Russell zu einer Zeit politisch unkorrekt, da dies noch eindeutig als Untugend galt.

Entrüsten konnte man sich auch über angeblich antisemitische Untergriffe in der Konversionsszene, in der Mahlers Beziehung zu Cosima Wagner (Antonia Ellis) im Stile von Stummfilmen wie Fritz Langs »Die Nibelungen« (1924), mit graphischen Zwischentiteln (z. B. *The CONVERT starring COSIMA WAGNER with GUSTAV MAHLER*), Slapsticknummern der Marx-Brothers, frühen Tonfilmen, Zirkusnummern und S/M-Praktiken bearbeitet wird. Es handelt sich um die zweite Sequenz, in der nicht nur Musik von Mahler, sondern auch von Richard Wagner (aus »Walküre«) zu hören ist. Die Konversionsszene ist ein Paradebeispiel dafür, inwiefern Ken Russell nicht nur bestimmte Inhalte kommunizieren möchte, sondern traditionelle Formen und

Stile imitiert, um im Zuge einer vorsätzlichen Resteverwertung von Repräsentationssystemen ihre Fragwürdigkeit zu demonstrieren. Der Schauplatz ist ein karikiertes Walhalla. Cosima agiert als eine mit Hakenkreuzen und Stahlhelm dekorierte Lederdomina, Mahler ist ihr Sklave, wird gezüchtigt, schleppt einen großen Davidstern, opfert ihn und erhält dafür eine *Taufe mit Feuer*: Nachdem ihm Cosima mit einer Peitsche eine Groucho-Marx-Brille von der Nase geschlagen hat, darf/muss er wie ein zahmer Löwe durch brennende Reifen springen, die mit Papierkreuzen bespannt sind. Dann schmiedet er aus dem Davidstern ein Schwert, um in Siegfried-Manier *den Drachen der alten Götter zu vernichten* – so ein Insert. Cosima betätigt sich als Messerwerferin und nagelt Mahler fest wie einen Gekreuzigten. Im Kampf mit dem Drachen verrusst sein Gesicht, das kurzfristig aussieht wie die Maske von Al Jolson in »The Jazz Singer« (1927) – dem offiziellen Beginn des Tonfilm-Zeitalters (worauf ein weiteres Insert verweist), in welchem auch eine Konvertierungsgeschichte erzählt wird: Ein junger Mann befindet sich im Konflikt mit seinem orthodoxen Vater und verzichtet zugunsten einer weltlichen Karriere am Revuetheater darauf, Kantor in der Synagoge zu werden. Formal-stilistisch parallelisiert Russell markante Entwicklungen der Filmgeschichte, von den Anfängen im Varieté bis zum Verlust der „Unschuld" des ursprünglich rein visuellen Mediums als Folge der „unreinen" Mixtur aus Bildern und Sprechen, mit äquivalenten biographischen Ereignissen im Leben Mahlers. Nach Art des verhinderten jüdischen Kantors, der für die Bühnenshow geschminkt werden muss wie ein Schwarzer, der einen Weißen in der Rolle eines Schwarzen mimt, erscheint Mahlers religiöse Identität mehrfach gebrochen. Bekenntnisse sind Übertreibungen und peinlich geworden, verraten keinen Stil mehr. Funken sprühen. Nach einigen bangen Augenblicken hat Mahler den Drachen besiegt, bringt einen Saukopf aus dessen Höhle heraus, verschlingt (nicht kosheres) Schweinefleisch, blickt direkt zu uns in die Kamera und vergewissert sich unseres Einverständnisses, trinkt Milch, was einer weiteren jüdischen Speisevorschrift widerspricht, und stochert mit dem Schwert in den Zähnen herum.

Gustav Mahlers Sprung durch einen brennenden Reifen

Nach einer artistischen Einlage auf einer Schleuderwippe, wird er auf ein großes Kreuz katapultiert. Endlich balanciert (eher als steht) er hoch oben, wo er immer hin wollte. Mahler gesteht Cosima: *Du hast mich zum Star gemacht!*, worauf sich über den beiden ein Goldregen ergießt wie im Märchen von der Goldmarie. Zugleich hat Mahler jeden Glauben verloren: Zu seiner Schwester meint er, der Mensch sei sein eigener Gott, und einen Rosenkranz erachtet er lediglich als Schlüssel zur Wiener Hofoper. Das Magnum Mysterium reduziert er auf eine Flasche Champagner, doch zum Feiern bleibt keine Zeit, weil sich der Bruder Otto inzwischen erschossen hat.

Der Film endet, wie er angefangen hat, mit einer verlogenen Idylle. Das Ehepaar Mahler sitzt der Lüge eines Arztes auf, eigentlich gehe es Gustav gesundheitlich ganz gut. Das Publikum weiß aber längst, dass dieser Schein trügt und er demnächst sterben wird, ohne sich seinen Traum vom ausschließlichen Komponieren erfüllen zu können. Das aufgesetzte Happy-End, das nach gegenseitigen Vorwürfen, Beteuerungen und Max' überraschend willfährigem Rückzug noch einmal Nähe und Zärtlichkeit zwischen Gustav und Alma aufkeimen lässt, ist lächerlich, eine Travestie der filmischen Konvention. Das letzte, was man von Mahler zu hören bekommt, ist sein lauthalses Lachen.

Anmerkungen
1. Gustav Mahler: Briefe. Hg. von Mathias Hansen. Leipzig 1981, S. 352f.
2. Produktionsdaten: A Goodtimes Enterprises-Ken Russell Production. Produced by Roy Baird. Executive Producers: Sandy Lieberson und David Puttnam. Kamera: Dick Bush, B.S.C. Choreographie: Gillian Gregory. Kostüme: Shirley Russell. Art Director: Ian Whittaker. Schnitt: Michael Bradsell. Die Mahler-Symphonien werden vom Concertgebouw Orchestra, Amsterdam, gespielt; Dirigent: Bernard Haitink. Buch und Regie: Ken Russell. Laufzeit: 115 Minuten. Darsteller: Robert Powell, Georgina Hale, Lee Montague, Richard Morant, Gary Rich, Angela Downs, David Collings, Dana Gillespie, Ronald Pickup, Oliver Reed u. v. a.
3. Claudia Gorbman: Filmmusik. Texte und Kontexte. In: Regina Schlagnitweit, Gottfried Schlemmer (Hg.): Film und Musik. Wien: Synema, 2001, S. 13-28, hier S. 13.
4. Ebd.
5. Vgl. Winfrid Halder: Gustav Mahler als bürgerlicher Komponist? Sozialgeschichtliche Rahmenbedingungen einer Künstlerbiographie zwischen 19. und 20. Jahrhundert. In: Matthias Flothow (Hg.): Ich bin der Welt abhanden gekommen... Gustav Mahlers Eröffnungsmusik zum 20. Jahrhundert. Texte aus der Evangelischen Akademie Meißen. Leipzig: Evang. Verlagsanstalt, 1997, S. 22-46, hier S. 46.
6. Vgl. Jonathan C. Carr: Gustav Mahler. Biographie. Aus dem Englischen von Hermann Kusterer. Düsseldorf/München: List, 1997, S. 264.

7. Vgl. Ken Russell: Fire over England. The British Cinema Comes Under Friendly Fire. London: Hutchinson, 1993, S 174: *It is possible [...] to be original, inventive, contemporary and not spend more than £ 160,000. I made my film Mahler for the same amount, back in the early Seventies. Today Mahler couldn't be made for less than a million [...].* [Übers. d. Verf.:Es ist möglich [...], originell, innovativ, zeitgenössisch zu sein und nicht mehr als £ 160.000,- auszugeben. Ich machte meinen Film Mahler um diese Summe, damals in den frühen Siebzigern. Heute könnte Mahler nicht für weniger als eine Million gemacht werden [...].]
8. Es gibt TV-Filme über »Elgar« (1962) und »Bartok« (1964) sowie »The Debussy Film« (1965).
9. Ken Russell, Fire over England, a.a.O., S. 75. [Übers. d. Verf.: Meine Absicht bestand niemals darin, einen faktischen, Tag für Tag verzeichnenden Bericht über das Leben eines Komponisten zu geben – das ist der Stoff für Wochenschauen, die nichts vom inneren Leben des Menschen erklären. Worauf ich immer aus war, ist der Geist des Komponisten, wie er sich in seiner Musik manifestiert. Das kann weder in einem geradlinigen, dramatisierten Dokumentarfilm zum Ausdruck gebracht werden noch in einem fiktionalen Spielfilm. Ich versuche das kinematographische Äquivalent zu einer musikalischen Form zu finden. [...]]
10. Vgl. Ken Hanke: Ken Russell's Films. New York und London: The Scarecrow Press, Inc., 1984, S. 220: *[...] nor is it, as Russell once attested, „[s]ome of the things I think about when I listen to Mahler's music".* [Übers. d. Verf.: [...] noch ist der Film, wie Russell einst zugab, „etwas von dem, woran ich denke, wenn ich Mahlers Musik anhöre."]
11. Ken Russell: Directing Film. From Pitch to Première. London: B T Batsford, 2000, S. 32. [Übers. d. Verf.: Was Mahler betrifft, wissen wir, dass der 2. Satz seiner 6. Symphonie ein musikalisches Porträt seiner Frau war, das uns mehr in ein paar Takten erzählt als eine lebenslange Recherche herausbringen könnte – nicht nur über die Frau, sondern auch über Mahler selbst. [...] Und so kann man nach und nach die Teilchen dieses symphonischen Mosaiks zusammensetzen, um am Ende ein farbiges Porträt zu haben, in dem das Leben des Mannes durch den Spiegel seiner Musik zu sehen ist.]
  Vgl. Constantin Floros: Weltanschauung und Symphonik bei Mahler. In: Hermann Danuser (Hg.): Gustav Mahler. Darmstadt: Wissenschaftliche

Buchgesellschaft, 1992, S. 344-361, hier S. 356: *Man kann Mahler kein größeres Unrecht antun, als sein Schaffen mit der Doktrin des l'art pour l'art zu verwechseln. Sein Œuvre ist der Theorie, daß die Kunst von allen übrigen Lebenszusammenhängen losgelöst sein müsse, diametral entgegengesetzt. Mahlers Symphonik läßt sich vielmehr als Autobiographie oder als Metaphysik in Tönen apostrophieren.*

12. Karl-Josef Müller: Mahler. Leben – Werke – Dokumente. München/Mainz: Piper, Schott, 2. Aufl., 1989, S. 611.
13. Zitiert nach Wolfgang Schreiber: Gustav Mahler, mit Selbstzeugnissen und Bilddokumenten. Reinbek: Rowohlt, 19. Aufl., 1997 (= rowohlts monographien Bd. 1290), S 149.
14. Zur technischen Seite dieses Experiments siehe Hanke, a.a.O., 222f.
15. Russell, Directing Film, a.a.O., S. 98. [Übers. d. Verf.: ... Originalthema, neues Material, Originalthema, neues Material usw. (A, B, A, C, usw.). In diesem Fall repräsentierte Mahlers lange Zugreise nach Hause (nach einer erschöpfenden Tournee als Dirigent) das A-Thema, durchsetzt mit Rückblenden seiner Reise durchs Leben.]
16. Ken Hanke, a.a.O.: The Mature Films: »Mahler«, »Tommy« and »Lisztomania«; hier bes. S. 237f.
17. Vgl. Russell, Directing Film, a.a.O., S. 98: *To me, structure is an immensely important element in filmmaking, where the nature of each scene dictates its own structure and development in relation to each succeeding scene. To swap analogies for a moment, it's also akin to bridge building.* [Übers. d. Verf.: Struktur ist für mich ein immens wichtiges Element beim Filmemachen, wo die Natur einer jeden Szene ihre eigene Struktur und eine Entwicklung in Bezug auf jede nachfolgende Szene vorschreibt. Um kurz Analogien auszutauschen, sie ist auch verwandt mit Brückenbauen.]
18. Vgl. Hanke, a.a.O., S. 220: *As a history lesson it is decidedly short on facts, though the facts it contains are essentially accurate.* [Übers. d. Verf.: Als Geschichtsstunde betrachtet, bietet der Film kaum Fakten, obwohl die Fakten, die er enthält, im Wesentlichen stimmen.]
19. Vgl. Eliahu Inbal (Müller, a.a.O., S. 613): *Bei Mahler gibt es niemals diese reine Schönheit; sie ist immer verbunden mit deutlichen Spuren der Ironie oder der Fratzen des Teufels. Manche Interpreten haben das nicht begriffen: diesen Schmerz, der hinter der Schönheit sich verbirgt.*
20. Carr, a.a.O., S. 269.

21. Vgl. Thomas Koebner: Mahler. In: Filmklassiker. Beschreibungen und Kommentare. Hg. Von Thomas Koebner unter Mitarbeit von Kerstin-Luise Neumann. 4 Bde.; Bd. 3: 1965-1981. Stuttgart: Reclam, 1995, S. 333-336, hier S.336.
22. Vgl. Hanke, a.a.O., S. 10-14.
23. Hanke, a.a.O., S. 10. [Übers. d. Verf.: Natürlich gibt es keine Vergebung ohne die Anerkennung der Sünde, und ein großer Teil von Russel's Arbeit ist der Fähigkeit seiner Protagonisten gewidmet, ihre Sünden und Gefühle zu verstehen und mit ihnen ins Reine zu kommen, um diese Ebene der Vergebung zu erlangen.]
24. Hanke, a.a.O., S. 221. [Übers. d. Verf.: In vielfacher Hinsicht ist es ein Film über mich.]
25. Müller, a.a.O., S. 608 bzw. 613.
26. Müller, a.a.O., S. 613.
27. Vgl. Carr, a.a.O., S. 262f.
28. Eliahu Inbal (Müller, a.a.O., S. 614).
29. Carr, a.a.O., S. 31. Vgl. das *Quasi*-artige der Musik Mahlers (ebd., S. 276).

Rewelge in Wien
Gustav Mahlers Studienjahre
Vortragsfassung

Wilhelm W. Hemecker

Viel war die Rede von Wien um 1900. Ausstellungen in Paris, New York, Edinburgh, Venedig und nicht zuletzt in Wien selbst fanden statt, und Publikation folgte auf Publikation zum Thema „Fin de siècle in Wien". Doch das Wien der „Rewelge", der „Erweckung" Gustav Mahlers, das Wien von 1875, in das der junge Mahler aus dem 150 km entfernten Iglau kommt, ist noch nicht die Metropole von 1897, in die Mahler später, nun siebenunddreißig Jahre alt, aus Hamburg übersiedelt, um die Direktion der Wiener Hofoper zu übernehmen.

Die Folgen des Jahres 1848 hatten – wie vielfach, etwa von Carl Schorske und zuletzt von Jens Malte Fischer, denen die folgende Darstellung verpflichtet ist, dargestellt – den ökonomisch-politischen Liberalismus in den sechziger Jahren mit Hilfe des beschränkten Klassenwahlrechts für zwei Jahrzehnte an die Regierung gebracht. In der Architektur der Wiener Ringstrasse wollte sich das aufstrebende liberale Großbürgertum dieser Generation ein urbanes Denkmal schaffen. Am 1. Mai 1865 der Öffentlichkeit übergeben, entstanden die sie säumenden Repräsentationsbauten vornehmlich zwischen 1870 und 1890. Mahler erlebte in seinen Studienjahren die Entwicklung Wiens zu einer modernen Metropole, die sie zu einer der größten Städte Mitteleuropas werden ließ. Das Jahr 1873 hatte die Weltausstellung und mit ihr zahlreiche gekrönte Häupter Europas nach Wien gebracht, aber auch den Börsenkrach mit Nachwirkungen in der gesamten Monarchie.

Die Tragik der Ringstraßenkultur – Adolf Loos betrachtet sie in der Zeitschrift „Ver Sacrum" kritisch unter dem Titel: „Die Potemkinsche Stadt" – bestand vor allem darin, dass der sie tragende Liberalismus politisch und wirtschaftlich bereits abstieg, während sie zu ihrer vollen Blüte gelangte. Die nach der Wahlrechtsreform von 1873 durchgeführten Wahlen brachten bereits starke Verluste für die Liberalen, bei den Wahlen von 1879 verloren sie ihre Mehrheit im Abgeordnetenhaus und mussten in die Opposition gehen. Der weitere schwere Misserfolg bei den Wahlen von 1897 besiegelte schließlich den Absturz des Liberalismus, der aufgerieben wurde zwischen Kräften der reaktionären Deutschnationalen, den Christlich-Sozialen und der Arbeiterbewegung.

Die Juden in Wien wie andernorts hatten völlig zu Recht im Liberalismus einen politischen Verbündeten auf ihrem Weg zur Assimilation gesehen, dem sie den Glauben der Väter zu opfern bereit waren. Josef Paneth, ein enger Studienfreund Sigmund Freuds und Mitglied eines deutschnationalen Lesevereins, dem auch Mahler entscheidende Impulse verdankte, trägt in einem unveröffentlichten Essay unter dem Titel „*Quid faciendum*" in staunenswerter Schärfe die Thesen vor, die aufgeklärte Juden seiner Generation – in den Jahren vor dem Erstarken des Zionismus – bewegte:

> Das Judentum ist in meinen Augen ein Anachronismus, tragisch und ernsthaft zu nehmen nur insoferne man darunter leidet; es ist eine Reliquie, ein Petrefakt, längst wert, daß es zu Grunde gehe. Was es an Elementen der modernen Kultur enthielt ist längst Gemeingut geworden; was es überdies noch enthält, ist von Übel. Es ist töricht und sinnlos, sich mit der Wiederbelebung dieser Mumie abzugeben. Möge es aufhören zu existieren, wie die Puppe abstirbt, wenn sie ihre Lebenskraft auf den Schmetterling übertragen hat.

Und Paneth fragt seine Zeitgenossen rhetorisch:

> Wieviel Judentum hat denn noch der, der weder die jüdische Religion, noch die jüdische Sprache, noch die spezifisch jüdische Sittenlehre hat, der weder die Festtage seines Volkes, noch dessen Speisegesetze, noch seine eigentümliche, in der Bibel angeordnete Bart- und Haartracht mitmacht?

Auch Mahler hatte, als er als Jüngling nach Wien kam, keine tiefere Bindung mehr an das Judentum als Religion, dem die vorherige Generation noch nahegestanden war. Anfangs wird der junge Musikstudent noch kaum wahrgenommen haben, dass sich der Antisemitismus auch in Kreisen der universitären Intelligenz ganz unverhohlen und bisweilen schon drastisch Ausdruck verschaffte, wie etwa in dem populären Werk des berühmten Chirurgen Theodor von Billroth *Über Lehren und Lernen der medicinischen Wissenschaft an den Universitäten der deutschen Nation*. Auch der Börsenkrach zog den Bodensatz eines bereits überwunden geglaubten Judenhasses nach sich, angereichert mit ökonomischen und rassistischen „Begründungen". Dass in Mahlers Rückkehrjahr 1897 Kaiser Franz Joseph dem Antisemiten Karl Lueger die Bestätigung seiner Wahl zum Wiener Bürgermeister nicht mehr, wie noch zwei Jahre zuvor, verweigern konnte, ist nur die letzte Konsequenz dieser Entwicklung.

Die erste Zeit Gustav Mahlers in Wien, also die Jahre von 1875 bis 1883 mit einem etwas längeren Intermezzo als Kapellmeister in Laibach, sind auch im Rahmen der vorliegenden großen Biographien noch nicht hinreichend erforscht und dokumentiert. Es ist die Phase zwischen seinem fünfzehnten und dem dreiundzwanzigsten Lebensjahr, die für die Entwicklung der Persönlichkeit oft entscheidend ist. Prägend wirken Lehrerpersönlichkeiten, Freunde und Freundeskreise, in denen sich der Heranwachsende bewegt. Das mag in besonderem Maße für Künstler oder künstlerisch sensible Persönlichkeiten gelten, die sich, so sieht es die Psychoanalyse in einer Untersuchung Kurt Robert Eisslers über Talent und Genie, durch prolongierte, verzögerte Adoleszenz auszeichnen.

Der erste Freundeskreis Mahlers in Wien formierte sich aus seinen Mitschülern am Wiener Konservatorium, einer Institution, die für einige Jahrzehnte von der angesehenen „Gesellschaft der Musikfreunde" getragen wurde. Der zweite, für seine Weltsicht wichtigere, ergab sich aus seiner Freundschaft mit Siegfried Lipiner, der einen eigenen Kreis junger Intellektueller um sich versammelt hatte, von denen einige später bedeutende Rollen im politischen und geistigen Leben Österreichs spielen sollten.

Zunächst aber ein Blick auf den Lehrkörper des Konservatoriums, an dem Mahler am 10. September 1875 als gerade Fünfzehnjähriger Aufnahme fand. Dazu bedurfte es einer besonderen Empfehlung des Pianisten Julius Epstein, der sein wichtigster Lehrer und Förderer werden sollte, und der seine Erinnerungen an Mahler 1911 nach dem Tod des Komponisten in mehreren Feuilletons veröffentlichte. Äußerlich fiel Epstein durch hochstilisiertes, altertümelnd manieriertes Auftreten auf, und er war erfolgreich und wohlhabend genug, um sich sein Gewand – bei Konzerten oft teuerstes weißes Leinen – bei den besten Wiener Schneidern anfertigen zu lassen. In Epstein lebte etwas vom Geiste Mozarts fort, von der Spieltechnik vor Clementi und Beethoven, dessen virtuoser Legatokunst – von Carl Cerny mit Ausdrücken großer Bewunderung gerühmt – die pianistische Zukunft gehörte. Wie sehr Epstein Mahler als Klavierschüler – er durfte gleich bei Studienantritt einige Klassen überspringen – geschätzt haben mußte, geht allein daraus hervor, dass er ihm seinen Sohn Richard als Klavierschüler anvertraute, der später selbst eine beachtliche Pianistenlaufbahn einschlagen konnte.

Es war vor allem Julius Epsteins Verdienst, Mahler, der dem Pianisten beim Probespiel eigene Kompositionen im Stil Richard Wagners vorgetragen hatte, tiefer und tiefer in die Welt Mozarts und besonders Schuberts, dessen Klaviersonaten Epstein ediert hatte, hineingeführt zu haben. Wohl nicht zufällig erspielte sich Mahler mit einer Schubert-Sonate auch den Hauptpreis eines Vortragswettbewerbs bei Abschluss seines ersten Studienjahres. Nach dem Ende der akademischen Studien blieben Epstein und sein prominenter Schüler in einem lebenslang währenden Verhältnis gegenseitiger Wertschätzung einander zugetan.

Wenig bedeutend war offenbar der Einfluß des Kompositionslehrers von Gustav Mahler, eines bereits betagten trockenen Gelehrten und Komponisten zahlreicher Messen neobarocken Stils: Franz Krenn. Wichtiger war hingegen sein Professor für Musiktheorie und Harmonielehre, Robert Fuchs, der Lehrer übrigens auch von Hugo Wolf, Jean Sibelius, Franz Schmidt, Franz Schrecker und Alexander von Zemlinsky. Durch ihn dürfte Mahler auch Brahms kennengelernt haben, der Fuchs' zahlreiche Kompositionen verschiedener Gattungen außerordentlich geschätzt und ihn als Partner für vierhändiges Klavierspiel gern bei sich gesehen haben soll.

Anton Bruckner, wiewohl er auch zum Lehrkörper des Konservatoriums zählte, hat Mahler allerdings hier noch nicht gehört, sondern erst einige Jahre später, als er sich an der Wiener Universität einschrieb – dann allerdings so intensiv und gern, dass er mit Bruckner parlierend den Hörsaal betreten und verlassen haben soll und ihn, mit einem Wort Guido Adlers, als „Adoptiv-Lehrvater" betrachten konnte. Von der dritten Symphonie Bruckners, die Richard Wagner gewidmet ist, fertigte Mahler nach der erfolglosen Erstaufführung einen vierhändigen Klavierauszug an.

Im 1821 unter Antonio Salieri gegründeten Konservatorium, das zu dieser Zeit im zwischen 1867 und 1870 errichteten „neuen" Musikvereinsgebäude, dem Sitz der Philharmoniker, untergebracht war und später zur Akademie erhoben wurde, schloss Mahler aber auch Freundschaften mit etwa Gleichaltrigen, die von nachhaltiger Bedeutung waren: mit Hugo Wolf, gleich alt wie Mahler, und Hans Rott, zwei Jahre älter und von auffallender Schönheit, durch die er an Ludwig II von Bayern erinnert haben soll. Mit Blick auf diesen bekennt Mahler seiner Vertrauten Natalie Bauer-Lechner, als er eine monumentale Symphonie in E-dur seines Jugendfreundes später einmal wieder durchsah:

> Er ist meinem Eigensten so verwandt, daß er und ich mir wie zwei Früchte von demselben Baum erscheinen, die derselbe Boden gezeugt, die gleiche Luft genährt hat. An ihm hätte ich unendlich viel haben können, und vielleicht hätten wir zwei zusammen den Inhalt dieser neuen Zeit, die für die Musik anbrach, einigermaßen erschöpft.

Dem von Bruckner hoch geschätzten und geförderten Hans Rott blieb keine Zeit für seine musikalischen Entfaltung: Nach dem Ausbruch einer schweren Geisteskrankheit starb er 1884, kaum 26 Jahre alt, in einer Nervenheilanstalt. Er, wie auch später Hugo Wolf, konnten den Zeitgenossen wie Exemplifikationen einer populären Theorie erscheinen, die in dem Titel eines psychologischen Werkes von Caesare Lombroso ihren charakteristischen Ausdruck gefunden hat und die enge Verbundenheit zweier Zustände konstatiert: Genie und Wahnsinn.

Mit Hugo Wolf erlebte Mahler – beide teilten miteinander 1879 ein Zimmer am Opernring – die in Wien zu dieser Zeit gerade hochschlagenden Wogen des Wagnerianismus. Wolf folgte dem Bayreuther Meister im Unterschied zu Mahler jedoch in geradezu fanatischer Anhängerschaft, bis hin zu dessen Antisemitismus. Wagners Musik wie auch seine Weltanschauung wirkten wie Katalysatoren für den Zusammenhalt der jungen Deutschnationalen in Wien, denen auch Mahler für einige Jahre zugerechnet werden muß. Die Wagner-Verehrer dachten großdeutsch, und wurden, wie auch Mahler eine Zeit lang, zum Vegetarier, nachdem Wagners Schrift „Religion und Kunst", im Bannkreis des „Parsifal" entstanden, mit einem leidenschaftlichen Appell für den Vegetarismus als Reinigungsmittel gegen das „Rasen der Raub- und Blutgier", wie Wagner sich ausdrückte, 1880 in den „Bayreuther Blättern" erschienen war. „Das Gemüse wird Glaubensartikel", spöttelte Eduard Hanslick zynisch.

Einen lebhaften Bericht über den Auftritt Mahlers und Hugo Wolfs unter den Vegetariern verdanken wir Friedrich Eckstein, der in seinen „Alten unnennbaren Tagen" die beiden Musikstudenten auch näher charakterisiert:

> Eines Tages erschien da ein schmächtiger Jüngling mit blondem Haar, flaumigem Kinn und einem Anflug auf der Oberlippe, mit blassem Gesicht und etwas stechendem Blick. Er sprach fast nie eine Silbe und seine Äußerungen waren ein feindlich-scheues Knurren. Sein Name war, wie ich später erfuhr, Hugo Wolf.

Und mit Blick auf Mahler heißt es bei Eckstein:

> Schon in der sonderbar wippenden Art des Ganges machte sich eine ungewöhnliche Reizbarkeit bemerkbar, sein geistig gespanntes, überaus bewegtes und schmales Gesicht war von einem braunen Vollbart umrahmt, sein Sprechen stets sehr pointiert und von stark österreichischer Klangfarbe. Er trug immer einen Pack Bücher oder Noten unter seinem Arm und die Unterhaltung mit ihm ging zumeist stoßweise vor sich.

Es ist berührend, wie später in den geistigen Verfall Hugo Wolfs Affekte gegen seinen Freund aus der Studentenzeit hineinspielen. Mehrfach soll er sich als Direktor der Hofoper vorgestellt haben und auf den Hinweis, Mahler sei doch der Direktor, geheimnisvoll geantwortet haben: „Mahler habe ich schon beseitigt". Die letzten Notate eines anderen dem Wahnsinn verfallenen Genies, die sogenannten Wahnsinnsbriefe Nietzsches aus Turin, kommen einem dabei unwillkürlich in den Sinn.

Deutschnational dachten also die Studienfreunde Hugo Wolf und Gustav Mahler ebenso wie die meisten jungen Wagner- und auch Bruckner-Anhänger, deutschnational war auch die Stimmung in einem weiteren Kreis um Mahler, der sich zunächst als Gymnasiastenzirkel im Hause Victor Adlers, des späteren Begründers der Österreichischen Sozialdemokratie, gebildet hatte und dann in den siebziger Jahren an der Universität zum intellektuellen Kern des „Lesevereins der deutschen Studenten" gehörte. Die maßgebende philosophische Autorität für diesen Kreis war Friedrich Nietzsche, und zwar so sehr, dass Erwin Rohde 1877 an Nietzsche schreiben konnte, es gebe einen Wiener „Nietzsche-Verein". Sein Wortführer war ein junger Mann, der Nietzsche ein Buch mit dem Titel *Der entfesselte Prometheus* geschickt hatte, und Nietzsche sprach von einem „wahren Weihetag", als er es erhielt und fügte hinzu:

> Wenn der Dichter nicht ein veritables Genie ist, so weiß ich nicht mehr, was eines ist: alles ist wunderbar und mir ist, als ob ich meinem erhöhten und erhimmlischten Selbst darin begegnete.

Der Autor hieß Siegfried (ursprünglich: Salomon) Lipiner und stammte aus einer bettelarmen jüdischen Familie aus Galizien. Lipiner suchte und fand nicht nur persönlichen Kontakt zu Nietzsche, sondern auch zu Richard und Cosima Wagner, die er in Bayreuth besuchte.

Wilhelm W. Hemecker

Der ungewöhnlich belesene und beredte Lipiner erlangte sehr bald schon großen Einfluss auf den vier Jahre jüngeren Mahler. Durch ihn wurde Mahler nicht nur zu einem Nietzsche-Anhänger der ersten Stunde, sondern auch seine lebenslange Goethe-Verehrung dürfte von Lipiner bestimmt worden sein, der eine – seit langem verschollene – Dissertation über die Figur des Homunkulus geschrieben hat, in der der Neukantianer Paul Natorp „das Eindringlichste, was über die Philosophie Goethes je geschrieben wurde" gesehen hat. Und nicht zuletzt dürfte es Lipiner gewesen sein, der Mahler auch für Gustav Theodor Fechner, bei dem er im Sommer 1876 in Leipzig studiert hatte, zu begeistern wusste. Fechners Synthese aus romantischer Kosmologie und darwinistischer Entwicklungslehre übte eine große Faszination auf eine Generation aus, die sich dem rohen Materialismus der Zeit, der mit Bestsellern wie Ludwig Büchners *Kraft und Stoff* und David Friedrich Strauss' *Der alte und der neue Glaube* weite Verbreitung fand, nicht ohne weiteres ausliefern wollte.

Fechners bereits 1836 erschienenes *Büchlein vom Leben nach dem Tode* mit seiner Lehre von den drei Stufen des Lebens-, einer vor der Geburt, einer während der irdischen Existenz und einer nach dem Tod – blieb eine der Grundlagen von Mahlers Ansicht von Leben und Tod, und Fechners *Zend-Avesta* oder *Über die Dinge des Himmels und des Jenseits* gehörte zu Mahlers Lieblingsbüchern. Hier spricht Fechner davon, dass der Tod des einzelnen Menschen nur das Schließen der Augen für immer bedeute und damit das Erlöschen seines Anschauungslebens, in einer höher beseelten Welt jedoch – und das sind für ihn Erde und Natur – werde diese Anschauung des Einzelnen aufgehoben und aufbewahrt.

Seine Thesen von der Notwendigkeit einer religiösen und damit in seinen Augen zugleich künstlerischen Erneuerung des dem Materialismus verfallenen Zeitalters hatte Lipiner in Vorträgen vor dem „Leseverein der deutschen Studenten" eindringlich vorzubringen gewusst. Es müsse, so fordert er, durch die Kunst vermittelt „die verlorene Gottheit in der Tragödie auferstehen", und er postuliert dem entsprechend: „Die Tragödie ist Religion, und vor der tragischen Kunst wird der Mensch religiös".

Als der bei einem Teil der akademischen Jugend überaus beliebte Leseverein – in dem es, wie Josef Paneth in seiner unveröffentlichten Autobiographie berichtet, „hochverräterische Reden gab, in denen Österreich als längst abgetan verurteilt wurde" – schließlich verboten und polizeilich aufgelöst werden sollte – zogen die protestierenden Studenten am 20. Dezember 1878 durch die Wollzeile in der Wiener Innenstadt und schmetterten ein Studentenlied aus der Zeit der Karlsbader Beschlüsse, mit denen Metternich 1819 schon die deutschen Burschenschaften an den Universitäten aufgelöst hatte. Das Lied *Wir bauten ein stattliches Haus* entspricht in der ersten Zeile fast notengetreu dem ersten Thema des ersten Satzes der Dritten Symphonie Mahlers, so dass der Ursprung dieses musikalischen Zitates (von Mahler in Moll gewendet) vermutlich eher hier als in Brahms *Akademischer Ouvertüre* zu finden ist, in der die Liedmelodie ebenfalls erklingt, wie der um die Erforschung des frühen Wagnerianismus in Österreich verdienstvolle William McGrath in einer kleinen Studie überzeugend dargelegt hat.

Fassen wir zusammen. Als Gustav Mahler im zarten Alter von 15 Jahren nach Wien kam, um seine musikalische Ausbildung zu absolvieren, erlebte er eine aufblühende Metropole, die sich – inmitten sozialer und politischer Umbrüche und ökonomischer Krisen – gerade zu einer modernen mitteleuropäischen Großstadt entwickelte. Musikalische Impulse empfing er direkt oder indirekt von den wichtigsten Strömungen seiner Zeit: Intensiv rezipierte er zusammen mit Hugo Wolf, seinem Studienfreund, Richard Wagner; Anton Bruckner sollte er bald schon persönlich kennen lernen, und über Julius Epstein, seinen geschätzten Klavierlehrer, wurde sein Streben als angehender Komponist historisch vertieft durch die Begegnung mit der Welt vor allem Mozarts und Schuberts. Bei seinem Freund Siegfried Lipiner fand Mahler Gelegenheit, sich mit der Philosophie Nietzsches und Theodor Fechners sowie dem Pantheismus Goethes intensiv auseinander zu setzen. Das alles sollte sich als nachhaltiger, ja bleibender Einfluss auf Mahlers Weltauffassung erweisen. Dem in seinem musikalischen Werk nachzuspüren, wäre eine faszinierende Aufgabe und bleibt noch immer ein weites Feld für die Gustav Mahler-Forschung.

Zum historischen Ort von Mahlers Textverständnis

Albert Berger

Vorbemerkung: Wenn ich Ihnen hier meine Bemerkungen zu Mahlers Liedtexten vortrage, fühle ich mich in einer ziemlich misslichen Lage. Ich bin weder Musiker noch Mahler-Kenner und als Literarhistoriker eher zögerlich denn freudig in dieses Thema sozusagen hineingerutscht. Ich habe bei der Beschäftigung mit Sache bald gemerkt, wie ungenügend es ist, in erster Linie über Texte zu reden, wenn es doch eigentlich um die Musik geht, und wie ungenügend auch, wenn man über Mahler insgesamt nur unzulänglich Bescheid weiß. Ich bin aber überzeugt, dass Frau Blaukopf in ihrem Beitrag »Mahler als Leser« mit ihrer Kennerschaft meinem bescheidenen Orientierungsversuch den nötigen Horizont hinzufügt.[1]

Die Mahler-Renaissance der letzten Jahrzehnte hat vom Liedschaffen des Komponisten – so lese ich bei Peter Revers – zunächst die Orchesterliedzyklen, die »Lieder eines fahrenden Gesellen«, die »Kindertotenlieder« und »Das Lied von der Erde« in den Vordergrund gerückt, während speziell die Klavierlieder aus der Sammlung »Des Knaben Wunderhorn« erst später und zögerlicher berücksichtigt wurden. Dies deshalb, meint Revers, weil man Mahler in erster Linie mit dem Orchesterlied verband und die Klaviervorlagen nur als Vorstufen angesehen wurden. Das aber sei durch die Quellenforschung im Rahmen der Arbeiten an der Kritischen Gesamtausgabe korrigiert worden.

Singstimme und Klavier bzw. Singstimme und Orchester und die spezifische musikalische Gestaltung der Lieder – das sind für die Musikwissenschaft zentrale Fragen, denen gegenüber die textlichen eher beiläufigen Charakter haben, und ich meine auch, nicht zu Unrecht, wenn es um die Intensität und Dichte, also um die musikästhetische Qualität geht. Immerhin aber kann das bewusste Augenmerk auf den kulturhistorischen Horizont der Textwahl doch ein paar Seitenblicke liefern, die für das Verständnis der Beziehung von Literatur und Musik bei Mahler hilfreich sein können.

Ich werde in meinem Beitrag so vorgehen, dass ich zunächst – um einen kulturgeschichtlichen Rahmen für die spezielle Frage nach Mahlers Textverständnis anzudeuten – Hauptpunkte der Liedästhetik des 19. Jahrhunderts skizziere. Daran anschließend werde ich – zitierend und kommentierend – einige Äußerungen von Mahler selbst, die über sein Textverständnis Aufschluss versprechen, aus der Fachliteratur heranziehen. Und drittens will ich Ihnen einige Informationen und Kommentare zu den von Mahler für seine Liedkompositionen ausgewählten – bzw. von ihm selbst verfertigten – Texten aus literaturgeschichtlicher Sicht bereitstellen, mit abschließenden Hinweisen auch auf die Kritik, die an seinen literarischen Vorlieben und Vorlagen geübt worden ist.

1. Hauptpunkte der Liedästhetik

In der Schaffenszeit Mahlers, kurz gesagt in der Liedästhetik um 1900, war auf der höchsten fachlichen Ebene noch immer ein Liedbegriff maßgebend, der schon 100 Jahre alt war und auf die Liedästhetik der mittleren Goethezeit, also auf die Jahre um 1800 zurückgeht. Diese Beobachtung der Musikgeschichte deckt sich im Übrigen, füge ich als Literarhistoriker an, auch mit dem Status des Lyrikbegriffs, mit der Vorstellung von dem, was das Wesen eines Gedichts ausmache. Um 1900 war mit dem Erlebnis- und mit dem Stimmungsgedicht noch immer die klassisch-romantische Subjektivitätstradition der Goethezeit die vorherrschende Norm im Lyrikverständnis. Das, was wir heute im Rückblick um 1900 als Beginn einer „modernen Lyrik" ansehen, war hingegen noch lange nicht etabliert, gewann erst mit dem sogenannten „expressionistischen Jahrzehnt" schärfere Konturen.

Die historische Entwicklung der Lyrik war bekanntlich von Anfang an mit dem Lied untrennbar verbunden, darauf verweist ja auch das Etymon im Wort Lyrik. Die in der langen Geschichte der lyrischen Gattungen auseinander strebenden Entwicklungstendenzen blieben in den „sangbaren Formen", im geistlichen und im weltlichen Lied vor allem, mit der ursprünglichen Einheit eng verbunden, während sich andererseits eine von der Musik abgelöste „Buchlyrik", nicht zum Singen, sondern zum Lesen bestimmt, etablierte. Die Entwicklungsstränge kreuzten sich in den Verlaufsphasen der Antikerezeption im deutschen Sprachbereich mehrfach, und unter dem Vorzeichen einer neuartigen Auffassung von Individualität und künstlerischem Ausdruck standen Lied und Gedicht in der Goethezeit wieder ganz nahe beieinander.

Für das, was man um 1800 unter „Lied" verstand, waren im Wesentlichen drei Merkmale bestimmend: Erstens war der enge Zusammenhang zwischen Poesie und Musik, d. h. der Begriff „Lied" sowohl durch die dichterische als auch durch die musikalische Komponente definiert. Von einem Lied im vollständigen Sinn war folglich nur dann zu sprechen, wenn eine Melodie hinzukam. Daraus folgte, dass zwischen dem Dichter und dem Komponisten eine möglichst enge Verbindung bestehen sollte, um die Forderung nach einer Einheit von Text und Musik optimal zu erfüllen. Die Melodie sollte der Sprachform gleichsam 'eingeschrieben' sein, Dichtung und Musik sollten in vollkommenem Gleichgewicht stehen, da sie nach damaliger Auffassung aus ein- und derselben seelischen, gemüthaften Wurzel (im Sinne Herders) stammen. – Zweitens war für den Lied-Begriff die Strophenform maßgebend, weil man meinte, dass im lyrischen Gedicht die Einheit der „Stimmung", der „Empfindung" möglichst rein zum Ausdruck kommen müsse. Das musikalische Korrelat dieser Einheitsidee war die in jeder Strophe wiederkehrende Melodie. Der klassische Goethe etwa, kein Freund der Vermischungen, hat gerade dieses Merkmal besonders betont. – Drittens umfasste die Lied-Definition eine soziologische 'volkhafte' Komponente, nämlich das Gemeinschaftsgefühl, die Geselligkeit und darüber hinaus die Popularität. Mit Liedern im „Volkston" wurde die Verwirklichung des Individuell-Seelischen im Populären angestrebt. Damit verbunden war zugleich die Forderung nach Einfachheit und Simplizität als zentralem Merkmal.

Diese drei Komponenten – engste Verbindung von Dichtung und Musik, Strophigkeit, Einfachheit – wurden durch das ganze 19. Jahrhundert als konstitutiv für die Gattung Lied weiter tradiert. Sie gaben gleichsam die ideale Norm vor, an der sich die Kompositionspraxis des Kunstliedes abzuarbeiten und gegen die sie aus musikalisch-schöpferischemn Eigensinn (Genialität) auch anzukämpfen hatte. Die Opposition aus hartnäckig tradiertem Gattungsideal und kreativitätsbedingten Veränderungen drückt sich mit Bezug auf Mahler z. B. darin aus, dass einer seiner zeitgenössischen Kritiker (Georg Göhler, der sich als einer der ersten für den Komponisten einsetzte) noch 1910 meinte zur Verteidigung der musikalisch höchst elaborierten und eben deshalb umstrittenen Orchesterlieder Mahlers betonen zu müssen, sie seien ganz von „Unmittelbarkeit und Natürlichkeit" geprägt.

Die angeführten drei Grundkomponenten der Liedästhetik wurden im Verlauf des 19. Jahrhunderts mit Blick auf die sich verändernde Praxis der Lied-Vertonung zwar modifiziert, im Kern jedoch erwiesen sie sich als äußerst zählebig. Immerhin aber gab es etwa seit der Jahrhundertmitte doch auch eine deutliche Gegenposition, die mit Richard Wagners Konzeptionen an Gewicht gewann, nämlich die unter dem Stichwort „Gesang" statt einfachem Lied erhobene Forderung nach der Verbindung von Dichtung und Musik in einer Weise, die den Zwang der Strophenrepetition unterlief und für das sogenannte – und bis dahin verpönte – „Durchkomponieren" eintrat, um zu einem musikalisch überhöhten, ausdrucksvollen und rhetorisch geformten Sprechen des Textes zu gelangen. Darin kündigte sich ein Abweichen von der Gleichgewichtsforderung zugunsten der Musik an. Diese Richtung wurde zwar durchaus zwiespältig aufgenommen und erregte Widerspruch, bedeutete aber für die Entwicklung des Orchestergesangs, also für die Ausweitung der einfachen Begleitung zu einem polyphonen Orchestersatz, eine wichtigen Schritt. Revers bemerkt, dass ja schon seit Schubert der Klavierpart statt reiner Begleitfunktion expressive Eigenständigkeit entfaltet hatte, noch mehr dann bei Schumann und Hugo Wolf, und in der zweiten Jahrhunderthälfte zeichnete sich eine zunehmend stärkere „orchestrale Funktion des Klavierparts" ab.

Für Mahlers Schaffenszeit ist jedenfalls festzustellen, dass die alte Gattungsnorm zwar noch immer bestand, in ihrer Bedeutung jedoch zumindest eine Relativierung erfahren hatte. Es existierte eine Vorstellung von der Gattung „Lied", die auf das Liedideal um 1800 zurückging, deren Basis jedoch durch Modifikation und Konfrontation mit neuen Positionen erschüttert wurde, ohne dass deshalb aber das Ideal als solches bereits ad acta gelegt worden wäre. Das geht daraus hervor, dass sich sowohl konservativ gesinnte Anhänger als auch Gegner und Neuerer darauf bezogen.

Was die Rolle der *sprachlichen* Seite in diesem Zusammenhang betrifft, lassen sich zwei Grundpositionen herausheben: Die eine Position legte größten Wert darauf, den sprachlichen Aussagegehalt durch die musikalische Gestaltung zu stützen, zu ergänzen, ihm zu dienen – das entspricht dem alten Gleichgewichtsideal. Die andere Position meinte, dass die Sprache wegen ihrer Begrifflichkeit eigentlich ungenügend sei, rekurrierte auf eine gleichsam unter den Sprachzeichen liegende seelische Tiefenschicht, die nur durch eine autonome musikalische Gestaltung ans Licht gehoben werden könne – diese Position hat Friedrich Nietzsche in seiner mit der Musik engstens verknüpften Lyriktheorie vehement verfochten: Die Musik führt, die Sprache ist allenfalls subsidiär, sagt Nietzsche. Die Musik hat für ihn nicht dienende

Funktion, sondern sie präsentiert die der modernen Wortsprache unerreichbare tiefste Schicht, die „dionysische Seelenregung". Dieser Gedanke, nämlich die Verschiebung des Gleichgewichts zwischen Ton und Wort, Klang und Bedeutung zu einem *Rivalitäts*verhältnis, in dem der Musik die dominante Rolle zukommt, spielt für die Interpretation der Mahler-Lieder eine nicht unwesentliche Rolle. Interpretationen, welche die Musik Mahlers in engem Bezug auf den jeweiligen Text deuten, stehen solche gegenüber, die die Eigengesetzlichkeit der musikalischen Gestaltung betonen.

2. Mahlers Äußerungen zu seinem Textverhältnis

Mahler selbst war primär weder Ästhetiker noch Theoretiker, sondern schaffender Künstler, doch seine eigenen Äußerungen zeigen die latente Problemlage des Liederkomponisten im veränderten Konetxt. Wenn er über Schumann etwa bemerkte, Schumann habe sich „immer in den Grenzen des Liedes" gehalten „und nichts verlangt, was sein Gebiet übersteigt", dann deutet das auf ein Bewusstsein bestimmter Gattungsnormen und -grenzen hin, auf eine Vorstellung, die sehr stark am herkömmlichen Liedideal orientiert ist. Was das Verhältnis von Text und Musik betrifft, ist in seinen Aussagen einmal die eine, dann wieder die andere Seite betont. – Zitat Mahler (nach den Aufzeichnungen von Natalie Bauer-Lechner):

> Hast du bemerkt, dass bei mir immer die Melodie vom Worte ausgeht, das sich jene gleichsam schafft, nie umgekehrt? So ist es bei Beethoven und Wagner. Und nur so ist es aus einem Gusse, ist das, was man die Identität von Ton und Wort nennen möchte, vorhanden. Das Entgegengesetzte, wo irgendwelche Worte willkürlich zu einer Melodie sich fügen müssen, ist eine konventionelle Verbindung, aber keine organische Verschmelzung beider.

Das nächste Zitat klingt etwas anders:

> Das Komponieren geschieht auf hundertfach verschiedene Weise. Bald gibt das Gedicht den Anstoß, bald die Melodie. Oft fange ich in der Mitte, oft am Anfang, zuweilen auch am Ende an, und das übrige schließt sich nachher dran und drum herum, bis es sich zum Ganzen rundet und vollendet.

Drittes Zitat:

> Etwas anderes ist es bei den Liedern, aber nur darum, weil man mit der Musik doch viel mehr ausrücken kann, als die Worte unmittelbar sagen. Der Text bildet eigentlich nur die Andeutung eines tieferen Gehaltes, der herauszuholen, des Schatzes, der zu heben ist.

Das erste Zitat rekurriert noch auf die „Identität von Ton und Wort" im Sinn des herkömmlichen Liedideals, das dritte hingegen behauptet den Vorrang der Musik ganz im Sinne von Nietzsches „dionysischer Seelenregung".

Von der Entstehung des »Rheinlegendchens«, einem der »Wunderhorn«-Lieder, überliefert Bauer-Lechner den Satz Mahlers:

> Heute z. B. hatte ich ein (musikalisches) Thema im Sinne und blätterte im Buch herum und da waren die passenden Verse eines reizenden Liedes zu meinem Rhythmus bald gefunden.

Ein anderes Beispiel ist der »Tambourg'sell«, die letzte »Wunderhorn«-Vertonung. Die Musik dieses Liedes war zuerst nämlich als Beginn eines Symphoniesatzes konzipiert, das Gedicht aus dem »Wunderhorn« kam erst nachträglich dazu. Auch eine weitere Äußerung verweist auf den Vorrang der Musik. Mahler betonte, sich von Löwe absetzend, seinen freiern Umgang mit den Strophen. Das Wiederholungsprinzip gehöre zur alten Form,

> während ich ein ewiges Weiterlaufen mit dem Inhalt des Liedes, das Durchkomponieren, als das wahre Prinzip der Musik erkenne. Bei mir findest du von allem Anfang an keine Wiederholung bei wechselnden Strophen mehr, eben weil in der Musik das Gesetz ewigen Werdens, ewiger Entwicklung liegt – wie die Welt, selbst am gleichen Ort, eine immer andere, ewig wechselnde und neue ist.

Wiederum scheint Mahler hier im Blick auf seine eigene Praxis der Lyrik- und Liedtheorie Nietzsches näher zu sein als der Gleichgewichts- und Einheitsforderung des alten Liedideals.

(...) ewiges Weiterlaufen mit dem Inhalt des Liedes, das Durchkomponieren als das wahre Prinzip der Musik – verbindet man diesen Selbstkommentar Mahlers mit Beobachtungen der Musikwissenschaft zu seiner 'thematischen Arbeit' im Durchkomponieren, durch die das instrumentalmusikalische, kompositionstechnische Verfahren einen entwickelnden Charakter erhält, dann zielt dies alles auf eine klare Autonomie der musikalischen Prinzipien gegenüber der Textgrundlage. Schon immer ist hervorgehoben worden, dass Mahlers Liedschaffen ins Symphonische tendiere, dass Lieder und Liedkomponenten in die Symphonien integriert sind, bis hin zu der Bezeichnung des »Lieds von der Erde« als 'Lied-Symphonie'. Die musikalische Stringenz der Gestaltung bestimmt ästhetischen Gehalt und Ausdruckswert der Lieder, nicht die in ihrem künstlerischen Eigenwert recht dürftige Textvorlage.

3. Mahlers Textwahl

Damit sind wir beim dritten Punkt in meiner Skizze angelangt, bei den Texten, die Mahler vertont hat. Abgesehen von Nietzsches „Rundgesang" *O Mensch! Gib acht! Was spricht die tiefe Mitternacht?* aus dem »Zarathustra«, der als Vokalsatz in der 3. Symphonie verarbeitet ist, hat Mahler keine zeitgenössische Lyrik vertont. Der Hauptbestand seiner 46 Lieder beruht auf der Sammlung „alter deutscher Lieder" mit dem Titel »Des Knaben Wunderhorn«, von Achim von Arnim und Clemens Brentano 1806/08 zusammengestellt und herausgegeben; zehn Gedichte stammen von Friedrich Rückert, aus den zwanziger und dreißiger Jahren des 19. Jhdts.; die sechs Gedichte im »Lied von der Erde« basieren auf Hans Bethges 1907 erschienenem Büchlein mit dem Titel „Die chinesische Flöte", Nachdichtungen alter chinesischer Lyrik. Die im ‚Volkston' gehaltenen Texte zu den vier »Liedern eines fahrenden Gesellen« hat Mahler selbst verfasst.

Es ist viel gerätselt worden, warum ein Musiker vom Rang Mahlers im Unterschied zu den großen Liederkomponisten des 19. Jahrhunderts die qualitativ und ästhetisch hochstehende Lyrik seit der Goethezeit aus seinem Liedschaffen ausgeklammert hat. Nichts von Goethe, nichts von Brentano, Uhland, Eichendorff, Wilhelm Müller, Eduard Mörike, Heinrich Heine, Theodor Storm, von Zeitgenossen wie Detlev von Liliencron, Arno Holz, Stefan George, Hugo von Hofmannsthal gar nicht zu reden. Stattdessen »Des Knaben Wunderhorn«, Rückert und zuletzt Bethge. Einigen Aufschluss über diese Besonderheit gibt eine von Ida Dehmel (der Frau Richard Dehmels) in ihrem Tagebuch aus dem Jahr 1905 überlieferte Äußerung Mahlers, die sehr deutlich zwischen dem Gedicht als hoher Kunstform und volkstümlicher Poesie differenziert:

> Es käme ihm auch immer wie Barbarei vor, wenn Musiker es unternähmen, vollendet schöne Gedichte in Musik zu setzen. Das sei so, als wenn ein Meister eine Marmorstatue gemeißelt habe und irgend ein Maler wollte Farbe darauf setzen. Er, Mahler, habe sich nur einiges aus dem Wunderhorn zu eigen gemacht; zu diesem Buch stehe er seit frühester Kindheit in einem besondern Verhältnis. Das seien keine vollendeten Gedichte, sondern Felsblöcke, aus denen jeder das Seine formen dürfe.

Zum historischen Ort von Mahlers Textverständnis

Diese Begründung für seine bevorzugte Textwahl enthält zweierlei wesentliche Aspekte: Zum einen seine Hochachtung für die Kunstlyrik als autonome literarische Gattung, die in ihren vollendeten Formen keine Ergänzung brauche; zum andern seine Wertschätzung der volkstümlichen Lyrik und der Volkspoesie als Halbfertigware, als Werkstükke, die zu weiterer Bearbeitung einladen, um bei Gelegenheit das in ihnen schlummernde Potenzial erst herauszuholen.

Die Hochschätzung der mit dem Begriff „Volk" verbundenen Literaturformen, in deren Zentrum das Volkslied steht, geht bekanntlich auf Herder zurück, Herders Begriff von Volksdichtung war ständisch akzentuiert, d. h. er bezog sich auf die Kultur der unteren Bevölkerungsschichten, in Opposition zum Geschmack und zu den Vorlieben der Gebildeten des Bürgertums und des Adels, er war verknüpft mit Bedeutungen wie echt, naiv, natürlich, ursprünglich, kindlich, unverfälscht, unverbraucht usf., mit einem Unterton nationaler Traditionen und Eigenheiten, die über die jeweiligen Muttersprachen in den „Stimmen der Völker" zur Geltung kamen. Herder hat die Besinnung auf das Volkslied eingeleitet, ohne seine praktischen und theoretischen Leistungen ist die »Wunderhorn«-Sammlung von Achim-Brentano nicht denkbar.

»Des Knaben Wunderhorn« ist unter den zahlreichen Volkslieder-Sammlungen im Gefolge Herders die wirkungsgeschichtlich weitaus bedeutsamste, heftig umstritten zwar schon in den Romantikerkreisen wegen der so frei- wie großzügigen Bearbeitung der gesammelten Texte durch Achim und Brentano. Nicht einmal 20 % der rund 700 Lieder entsprechen den Vorlagen, die Herausgeber haben um- und weitergedichtet, weggelassen und ergänzt und eigene Gedichte eingefügt. Dennoch blieb im Grundbestand der Texte die volkstümliche Komponente erhalten, aber durch die Texte hindurch und um die Texte herum bildete sich, angelegt schon in Achims Einleitungs-Aufsatz, eine Auffassung heraus, die man als „Ideologie des Volksliedes" im 19. Jahrhundert bezeichnen kann. Der patriotisch-nationale Akzent mutierte zum nationalistischen, der im Volkslied eine besondere und überlegene Qualität der deutschen Seele und des deutschen Gemüts betonte, besonders in der zweiten Jahrhunderthälfte mit einer sozusagen außenpolitischen, speziell gegen Frankreich gerichteten Note versehen, und innenpolitisch verbündet mit der anwachsenden völkischen Mentalität.

Der Hinweis auf diese Entwicklung gehört zum kulturgeschichtlichen Horizont, in dem Mahler seine persönliche Vorliebe für die »Wunderhorn«-Texte pflegte. Ob und wie Mahler sich im mentalitätsgeschichtlichen Umfeld orientierte, kann ich als Nicht-Experte nicht sagen, mir ist jedenfalls in meiner begrenzten Lektüre nichts untergekommen, was auf eine über die zeitübliche Deutschtümelei hinausgehende, besonders ausgeprägte Inklination zu deutschnationalem Gedankengut schließen ließe. Dennoch aber veranlasste allein schon die Tatsache, dass er sich auf die »Wunderhorn«-Texte überhaupt einließ, einen Mahler-Bewunderer wie Ernst Bloch 1917 zu der Bemerkung:

> Gewiss, er ist nicht mühelos, auch wollen wir nicht sagen, dass der gesucht simple und deutschtümelnd sentimentale Kram vieler Mahlerscher Lieder, vor allem die aus des Knaben Wunderhorn, erfreulich oder leicht erträglich wäre.

Das zitierte Bild Mahlers von den „Felsblöcken, aus denen jeder das Seine formen dürfe", weist in eine andere Richtung seines Interesses an den Volksliedern. Es lässt sich mit einer Briefstelle, ebenfalls aus dem Jahr 1905, gut ergänzen. Dort schreibt er mit Bezug auf seine Textwahl:

> Etwas anderes ist es, dass ich mit vollem Bewusstsein von Art und Ton dieser Poesie (die sich von jeder anderen ‚Literaturposie' wesentlich unterscheidet und beinahe mehr Natur und Leben - die Quellen aller Kunst – als Kunst genannt werden könnte) mich ihr sozusagen mit Haut und Haaren verschrieben habe. Und dass ich, der lange hindurch wegen mei-

ner Textwahl verhöhnt wurde - schließlich den Anstoß zu dieser Mode gegeben habe, ist außer Zweifel.

Die Volkspoesie bietet ihm nicht Kunst, sondern „Natur und Leben – die Quellen aller Kunst". Damit liegt Mahler auf der schon von Herder vorgezeichneten Linie. Herder hatte, als er 1778/79 seine Volkslieder-Sammlung erscheinen ließ, nicht ihre Vergötzung im Sinn, sondern er betrachtete sie mehr *wie Materialien zur Dichtkunst, als dass sie Dichtkunst selbst wären.* Man braucht in Herders Satz das Wort „Dichtkunst" nur durch „Tonkunst" zu ersetzen, um Mahlers Position zu benennen. Die »Wunderhorn«-Texte sind für ihn nicht Identifikationsangebote für möglichst sentimentales, volkstümliches Gebaren, sondern – „mit vollem Bewusstsein", also distanziert und objektiviert – Materialien, mit denen der musikalische Künstler umgehen und über die er gestaltend verfügen kann. Die »Gesellen«-Lieder zeigen das noch deutlicher als sein freier Umgang mit den »Wunderhorn«-Gedichten, denn die »Gesellen«-Lieder hat er selbst getextet, und unabhängig davon, ob ihm 1884/85 die Arnim/Brentano-Anthologie schon zur Hand war oder nicht: Er kannte die erzählerische, balladenhafte Anlage dieser Art von Gedichten, die Motive waren ihm geläufig, er kannte das poetische Material der Volkslieder, das ja durch viele Kanäle weit verbreitet war. Die »Gesellen«-Lieder mit ihrem altertümlichen Sprachduktus und ihrem Wortbestand von Glück und Weh, mein Schatz und mein Kämmerlein, Blümlein blau und Vöglein süß, Heide und Leide usf. sind reine Material-, genauer vielleicht: sprachliche Montage- und Bastelarbeit, mit dem einzigen Zweck, der musikalischen Gestaltung den Raum zu öffnen.

Die »Wunderhorn«-Sammlung, obwohl selbst keineswegs authentisch und von den Herausgebern seinerzeit schon bürgerlich zurechtgestutzt und gereinigt – bot immer noch genug Material für die Intention Mahlers, „Natur und Leben", die Gegensätzlichkeiten und Widersprüchlichkeiten seiner persönlichen Welterfahrung zu gestalten – Leid und Schmerz, Lust und Liebe, das Sentimentale, das Komische, das Groteske, das Triviale, das Rohe, das Grobe, das Brutale. Die Auswahl, die auch das für gutbürgerliche Ohren Verpönte einbezieht, macht nach Peter Revers den „typischen Mahlerschen Ton" aus. Mahler hat wesentlich dazu beigetragen, die biedermeierlich-idyllisch betonte 'Heile-Welt-Vorstellung' der bürgerlichen Volksliedtradition zu berichtigen. Diese Leistung wäre ohne sein musikalisches Ingenium freilich ein ziemlich unbeachtetes Unterfangen geblieben.

Lassen sich aus literarhistorischer Sicht für die Verwendung der »Wunderhorn«-Texte durch Mahler immerhin einige gute Gründe zusammentragen, so ist seine Vorliebe für Friedrich Rückert eher unklar. Die Rückert-Phase löste 1901 im Liedschaffen Mahlers das »Wunderhorn«-Jahrzehnt ab. Man hat für die 5 einzelnen Gedicht-Vertonungen wie für den Zyklus der »Kindertotenlieder« biographisch-psychologische Mutmaßungen angestellt, die helfen könnten, die Hinwendung zu Rückert verständlich zu machen: Mahlers lebensbedrohliche Erkrankung 1901, eine vielleicht in die Kindheit zurückreichende, latente Traumatisierung wegen des frühen Todes mehrerer seiner Geschwister, seine allgemeine Leidensdisposition, seine spirituellen Neigungen. Unter literarisch-ästhetischen Gesichtspunkten ist jene Aussage Mahlers bemerkenswert, die Anton von Webern 1905 in seinem Tagebuch notiert hat: *Nach 'Des Knaben Wunderhorn' konnte ich nur mehr Rückert machen – das ist Lyrik aus erster Hand, alles andere ist Lyrik aus zweiter Hand.* – Die Äußerung gibt freilich mehr Rätsel auf, als sie löst. Ist sie so zu verstehen, dass er Rückert, den Zeitgenossen Goethes und der Romantiker, für den bedeutendsten Lyriker hielt, mit dem er sich voll identifizierte? Hatte Rückert nach seinem Empfinden „vollendet schöne Gedichte" geschrieben, von denen er, Mahler, doch im selben Jahr zu Ida Dehmel meinte, es käme ihm wie Barbarei vor, solche Gedichte zu vertonen? Man mag auch nicht recht glauben, dass er Rückert über Goethe, Eichendorff oder Heine stellte. Oder bedeutet der Ausdruck „Lyrik aus erster Hand" vielleicht etwas anderes, nämlich dass er auch bei Rückert, wie schon in den »Wunderhorn«-Gedichten, „Natur und Leben" vorfand, und zwar im Sinn eines gedanklich und gefühlhaft offenen sprachlichen *Materials*, das seinem persönlichen Geschmack entgegenkam und ihm zugleich erlaubte, es ohne Scheu als Rohstoff zu behandeln und in seinem eigenen ästhetischen Medium zu transformieren, in einer musikalische Dimension, die den sprachästhetischen Wert der Texte überrollt und überholt.

Friedrich Rückert, der von 1788 – 1866 gelebt hat, war zu Mahlers Zeiten ein noch immer beliebter und populärer Autor, eine Gedichtsammlung von 1841 erschien 1897 in 24. Auflage, eine zweite mit dem Titel »Liebesfrühling« von 1844 erreichte 1896 die 16. Auflage. An den Ruf, den der jüngere Emanuel Geibel sich erworben hatte, reichte er zwar nicht heran. Geibels Gedichte von 1840 standen schon 1884 bei der 100. Auflage. Aber auch Rückert gehörte zum festen Bestand gepflegter Salonlyrik der Gründerzeit. Sigmund Freud zitierte gerne Rückerts so selbstkritische wie tröstliche Erkenntnis: *Was man nicht erfliegen kann, muss man erhinken.* Leser der »Fackel« von Karl Kraus kennen den Autor als den Lieblingsdichter jenes Wiener Polizeipräsidenten Schober, der 1927 für das Blutbad anlässlich des Justizpalast-Brandes verantwortlich war: Schober als Rückert-Fan – damit war für Kraus über Schober *und* Rückert das Urteil gesprochen.

Im Wertekanon der Literaturgeschichte spielt Rückert jedenfalls eine untergeordnete Rolle. Heute noch (und wieder) geschätzt werden seine kulturvermittelnden Übsetzungsleistungen aus mehreren orientalischen Sprachen, als Lyriker zählt er zur zweiten Garnitur, ein enorm sprachbegabter, wortgewandter und viel schreibender Lyriker – weit über 10.000 Gedichte –, ein Verwerter der poetischen Motivbestände der Goethezeit, ein Formkünstler, dem volksliedhaften, kindlich-naiven Ton und Geist zugeneigt, den er, koste es, was es wolle, mit den preziösen Finessen einer gesuchten Vers-, Reim- und Strophentechnik erhinkt, wenn er ihn nicht erfliegen kann. (Was manchmal zu Kalauern führt wie dem im ersten der von Mahler vertonten »Kindertotenlieder«: *Das Unglück geschah nur mir allein, / die Sonne, sie scheinet allgemein!*). Bei der Rückert-Lektüre kann man sich in einen Sprachautomaten versetzt fühlen, in eine Dichtungsmaschine, die, aus einem Biedermeier-Softwareprogramm gespeist, auf Knopfdruck immer neue Gedichte auswirft. Die »Kindertotenlieder« etwa, 428 Stück, 1834 nach dem Tod von zweien seiner Kinder in ein paar Monaten geschrieben, drei bis vier pro Tag, hinterlassen diesen Eindruck. Die sprachliche Form löst sich vom traurigen Anlass bisweilen so stark, dass statt der Trauer nur Wortgeklingel im Ohr bleibt. Um den Vergessenen zu vergegenwärtigen hier ein Beispiel:

> Ach von meinem lieben Schwärmchen
> Die zwei kleinsten, die zwei feinsten,
> Immer unter sich am einsten,
> Die sich hatten lieb am reinsten,
> Wie sie mit geschlungnen Aermchen
> Eines um des andern Näckchen,
> Eines an des andern Bäckchen,
> Saßen zwei auf einem Stühlchen,
> Lehnten zwei an einem Pfühlchen,
> Spielten zwei auf einem Tischchen;
> So im golden-schönsten Nischchen
> Paradieses-weiter Hallen,
> Wie einst hier im engen Stübchen,
> Soll mein Mädchen und mein Bübchen,
> Sitzen, allen
> Engeln itzt ein Wohlgefallen,
> Mit den leisen Wangengrübchen,
> Und ihr Unschuldslallen,
> Ihres Lachens Schallen,
> Mache wie mein Herz den Himmel wallen!

Hätte nicht Mahler, indem er Rückert-Gedichte für seine musikalische Intuition als Material benützte, seinen Namen mit dem des Biedermeierdichters verbunden, dann wäre Rückert außerhalb der Fachkreise wohl völlig der Vergessenheit anheim gefallen.

Auch die Textgrundlage für »Das Lied von der Erde« wählte Mahler wohl nicht aus literaturästhetischen Gründen, sie war vielmehr durch den neuromantischen Geschmack und durch den modischen Jugendstil um die Jahrhundertwende vermittelt. Hans Bethges Nachdichtungen chinesischer Lyrik aus der Zeit der Tang-Dynastie (6.-8. Jhdt), deren erste 1907 unter dem Titel »Die chinesische Flöte« erschien – diese Ausgabe hat Mahler benutzt –, bediente und beförderte den geistigen Tourismus, die Vorliebe für das weit Entfernte, Exotische, vom Alltag Abgehobene. Carl Zuckmayer erzählt in seiner Autobiographie »Als wär's ein Stück von mir«, dass Bethges »Chinesische Flöte« zu den Büchern gehörte, die „auf dem Tee- oder Nachttisch jeder schwärmerischen jungen Dame lagen". Zahlreiche Lyriker entnahmen hier Anregungen – u. a. Arno Holz, Richard Dehmel, Stefan George, Klabund. Vor allem das Motiv der Trunkenheit, das insbesondere mit dem Namen Li-Tai-Pe's, dem bedeutendsten chinesischen Lyriker der Tang-Zeit, verknüpft ist, scheint einem verbreiteten Lebensgefühl entgegen gekommen zu sein. Noch der trinkerfahrene junge Josef Weinheber (geb. 1892) etwa unterschrieb seine frühen Briefe (um 1915ff.) gern mit „Li-Tai-Pepperl". Trotz der mehrfachen Brechungen – Bethge konnte nicht Chinesisch, sondern übertrug seinerseits aus französischen Nachdichtungen – bewies dieses schon bei Li-Tai Pe zweideutige Motiv – Trunkenheit im geistigen wie im physischen Sinn – offenkundig seine Kraft. Mit seinen dionysischen Implikationen verweist es auf Nietzsche, auf die dunklen Abgründe von Einsamkeit, Todesverfallenheit auf der einen, Begeisterung, gesteigerten Lebenswillen auf der anderen Seite. Das ist der Stoff, den Mahler bei Bethge vorgefunden und ausgewählt hat. Wiederum nicht vollendete Poesie, sondern: poetisches Rohmaterial, Impuls, Anregung für die musikalische Arbeit, in der der Text zum Epiphänomen, zur semantischen Begleitfunktion der Orchestermusik wird. Um die Trunkenheit, um den Rausch im Sinne von Nietzsches „seelenvollem Gesamtklang" gruppieren sich im »Lied von der Erde« die einzelnen Motive der sieben von Mahler verarbeiteten Gedichte als sprachsemantische Impulse, ein paar begriffliche Anstöße, die in der autonomen kompositorischen Gestaltung bis zum Verschwinden integriert sind. Kaum ein Hörer, der nicht absichtsvoll mitlesen möchte, braucht den genauen Wortlaut.

Ich komme zum Schluss: Man kann über Mahlers Textverständnis im kulturhistorischen Horizont nicht reden, ohne auf den Mahler-Essay »Musik und Literatur« des Literaturwissenschaftlers Hans Mayer zu reagieren, der zu geradezu grotesken Missverständnissen geführt hat in manchen musikwissenschaftlichen Arbeiten, die sich bemüßigt fühlten, Mahler zu verteidigen, indem sie auch die von ihm bevorzugten Liedtexte zu großer Kunst umdrehten und als besonders wertvoll beurteilten. Bei Mayer heißt es bündig:

> Fragwürdige Lyrik Friedrich Rückerts und fragwürdige Wunderhorngedichte ... Kopie von Kopiertem beim Wunderhorn und bei Bethge; (...) Dichtung betrachtet nach dem bloßen Materialwert für eine geplante Komposition. (...) Nirgendwo hat man das Gefühl, dieser Komponist werde angerührt von Dichtung. (...) Mahlers Kunst ist in einem so exzessiven Maße dazu bestimmt, der Selbstaussage zu dienen, sie ist in ihren tiefsten Impulsen so ausschließlich Autobiographie, dass alles andere daneben nur als Vorwand zu dienen vermag.

Solche harsche Kritik irritiert, aber aus der Perspektive literarästhetischen Urteilens trifft sie wohl zu. Mahlers Textverständnis und Textwahl ist mitbestimmt vom gängigen Geschmack der Gründerzeit, der Neuromantik und des Jugendstils, er vertont, was ihm, ganz ohne hohe literarische Ansprüche, gefällt. Indem er aber die zweitklassigen »Wunderhorn«-, Rückert- und Bethge-Gedichte als *Material* nimmt, als stofflichen Impuls, der ihn drängt und reizt, in der Musik seinen eigenen *autonomen* Klangraum zu schaffen, macht er einen Schritt in die Moderne, darauf will Hans Mayer hinaus. Durch die Art seines Schaffens, so Mayer, verwirklicht Mahler eine neue Beziehung zwischen Literatur und Musik: *In einer Weise, die als Vorwegnahme zu deuten wäre.* Wenn in der Liedtheorie seit dem Beginn des 19. Jahrhunderts die Forderung nach dem Gleichgewicht zwischen Dichtung und Musik verankert war, um aus dem Zusammenwirken beider ein Höchstmaß an harmonischem Ausdruck von personaler Identität und ‚ursprünglicher Seeleneinheit' zu erzielen, dann ist deren Ungleichgewicht bei Mahler nicht bloß zu verstehen als Ungleichzeitigkeit zwischen literarischem Geschmack und musikalischem Ingenium, sondern als frühes Anzeichen jener Brüche und Verwerfungen im Menschenbild, die in den Künsten der Moderne spätestens seit dem Expressionismus offenkundig wurden.

Anmerkung:
1) Die musikwissenschaftlichen Passagen des Vortrags beruhen auf folgenden Büchern: Peter REVERS: »Mahlers Lieder. Ein musikalischer Werkführer«. München 2000; Elisabeth SCHMIERER: »Die Orchesterlieder Gustav Mahlers«. Kassel 1991; Hans-Joachim BRACHT: »Nietzsches Theorie der Lyrik und das Orchesterlied«. Kassel 1993. Aus diesen Büchern stammen auch die Mahler-Zitate. – Ernst BLOCHS Bemerkung zu Mahler und Hans MAYERS Essay »Musik und Literatur« finden sich in dem Sammelband: »Mahler«. Tübingen 1966.

„Bücher fresse ich immer mehr und mehr"
Gustav Mahler als Leser

Herta Blaukopf

Mahlers knapp bemessene Freizeit war mit Wanderungen in der Natur und mit Lektüre ausgefüllt. Er war ein fleißiger Leser: „Bücher fresse ich immer mehr und mehr! Sie sind ja doch die einzigen Freunde, die ich mit mir führe! Und was für Freunde!" So schrieb er, als er Mitte der dreißig war, aus Hamburg an seinen fernen Wiener Freund Friedrich Löhr.[1] Welchen Einfluß das Spazieren im Wienerwald und das Bergwandern in den Alpen auf Mahlers Kompositionen übte, wurde oft dargestellt. Vom „Waldmärchen", dem verstoßenen Teil des „Klagenden Liedes", bis zur „Siebenten Symphonie" hören wir den Wald rauschen, türmt sich das Felsgebirge vor unseren Ohren auf, erschauern wir vor dem Röhren der Natur.[2]

Die Frage liegt darum nahe, ob auch Mahlers zweite Leidenschaft, das Lesen, das Bücherfressen, in vergleichbarer Weise auf ihn einwirkte. Theodor W. Adorno hat die Symphonien Mahlers mit der Kunstgattung „Roman" in Beziehung gesetzt.[3] Die russische Mahler-Forscherin Inna Barssowa ging noch einen Schritt weiter, indem sie die Mahlersche Symphonik mit Dostojewskis Romantechnik verglich.[4] Ich glaube, daß die Lage komplizierter ist. Bestimmt hat die Literatur Mahlers Werk beeinflußt. Aber auf verschlungenen Wegen, auf Umwegen, auf denen wir ihm nicht folgen können. Er selbst bekannte, daß es ihm in seinen Symphonien „nie um Detaillierung eines Vorganges, sondern höchstens einer Empfindung zu tun"[5] sei. Ich nehme an, daß die Literatur, belletristische wie fachliche, den Komponisten in hohem Maß sensibilisiert hat. Seine Variationstechnik – im Widerspruch zum linearen Ablauf des Romans der Jahrhundertwende – ermöglichte ihm diese

Detaillierung einer Empfindung. "Die Variation ist der wichtigste Faktor der musikalischen Arbeit"⁶, sagte Mahler im Kreis der Schönberg-Schüler.

Wie wir sehen werden, war Mahler ein Leser besonderer Art. Lesen wirkte mehr als beim Durchschnittsmenschen auf sein Bewußtsein, auf seine Persönlichkeit. Wenn ich im folgenden den Komponisten als Leser darzustellen versuche, werde ich die von ihm vertonten Texte bei Seite lassen. Im übrigen will ich mich auf die Belletristik beschränken. Ein Großteil seiner Lektüre war allerdings philosophischen Schriften gewidmet: Er war mit Schopenhauer aufgewachsen, begeisterte sich kurze Zeit für Nietzsche, den er später umso leidenschaftlicher ablehnte, studierte von den Zeitgenossen außerdem Fechner (Zend-Avesta), Rudolph Hermann Lotze, Eduard von Hartmann und – zu Bruno Walters Entsetzen – Langes "Geschichte des Materialismus"⁷. Auch aus Goethes Worten gewann er philosophische Erkenntnis, und dies sein Leben lang. Neben Belletristik und philosophischer Literatur las Mahler auch Werke, die wir heute als Sachbücher bezeichnen würden, Biographien, Korrespondenzen, religionsgeschichtliche Werke, naturwissenschaftliche, offenbar alles, was ihm unterkam, bis hin zu Brehms "Tierleben"⁸.

Mahlers Bibliothek ist nicht erhalten. Sie wurde durch Alma Mahlers Flucht 1938 und die Wiener Kriegsereignisse in alle Windrichtungen zerstreut oder überhaupt vernichtet. Was wir von Mahlers Lektüre wissen, stammt aus seinen Briefen oder aus den Memoiren von Menschen, die ihm nahestanden und seine literarischen Vorlieben kannten. Dadurch ist uns durch Zufall so mancher Titel überliefert und ebenso zufällig ein anderer, vielleicht wichtigerer, für immer vergessen. Mahlers Bücherschrank läßt sich damit nicht rekonstruieren. Wir müssen froh sein, wenn wir durch die genannten Quellen Einblick in einzelne Regale erhalten.

"Gelesen habe ich viel in diesem Jahr," schrieb Mahler 1891 aus Hamburg nach Wien, "und viele Bücher haben einen nachhaltigen Eindruck hinterlassen, ja sie haben sogar in Weltanschauung und Lebensansicht einen Umschwung – eigentlich Fortentwicklung verursacht. – Darüber jedoch kann ich mich nur mündlich aussprechen."[9] Hier haben wir also einen Brief von Mahlers Hand und sind trotzdem auf Spekulationen angewiesen. Welche Lektüre hat 1891 einen Umschwung in Mahler ausgelöst? Nietzsches „Zarathustra" liegt nahe, es mag jedoch auch sein, daß Mahler in diesem Jahr erstmals Romane und Erzählungen von Dostojewski zur Hand nahm, die ihn im Gegensatz zu „Zarathustra" bis an sein Lebensende faszinierten. Und natürlich kann es auch ein dritter gewesen sein, jemand ganz anderer.

Es gibt eine Kindheitserinnerung, die uns zeigt, wie früh Mahlers Bücherfressen begonnen hat. Kaum hatte der Knabe in der Volksschule das Lesen erlernt, geriet er mit den Eltern in Konflikt. Sie verboten ihm das Bücherfressen, so wie sie vorher seine Tagträumereien bekämpft hatten. Er indes wünschte sich nichts sehnlicher, als Tag und Nacht ununterbrochen lesen zu können. Eines Tages fand er ein Auskunftsmittel. Er kletterte mit seinem Buch durch ein Bodenfenster auf das Dach und verbrachte dort zwischen Himmel und Erde selige Stunden. Bis man ihn vom gegenüberliegenden Haus her entdeckte und den Vater alarmierte. Der lief auf den Boden und stand in Todesangst eine Stunde neben der offenen Dachluke, weil er Gustav nicht zu rufen wagte, aus Furcht, er könnte hinabstürzen. Als dieser endlich durch die Luke hereinkroch, empfing ihn eine Tracht Prügel. Und, was noch mehr wehtat: das Fenster wurde zugemauert.[10]

Eine zweite Kindheitserinnerung, die in etwa dasselbe Lebensalter zurückreichen mag. Mahler verband in seiner Kindheit alle Musikwerke mit sehr anschaulichen Vorstellungen. Manchmal spielte er auf dem Klavier und erzählte dazu Geschichten, die er sich ausgedacht hatte. Diese rührten ihn so sehr, daß er zu weinen anfing. Als Mahler dies seiner langjährigen Freundin Natalie Bauer-Lechner erzählte, war ihm noch ein Beispiel in Erinnerung: Beethovens Variationen über „Ich bin der Schneider Kakadu" [op.121a], zu denen er die Biographie dieses Schneiders erzählte.[11]

Wenn Mahler die Musik so anschaulich erlebte, muß sich ihm auch die Literatur höchst anschaulich dargestellt haben. Wenn ich hier „anschaulich" sage, so sind damit nicht unbedingt Bilder gemeint, sondern ein persönliches Ergriffensein, die Anwendung des lesend Erfahrenen auf die eigene Existenz. Wir werden im Folgenden sehen, daß Mahler oft aus literarischen Eindrücken Nutzanwendungen für die eigene Kunst und das eigene Leben zog. Künstlerisch folgen Mahlers Kompositionen ihren immanenten musikalischen Gesetzen. Wir dürfen nicht hoffen, eine direkte Verbindung zwischen einem literarischen Text – sofern es sich nicht um Vertonung eines Gedichtes handelt – und einem Symphoniesatz herstellen zu können. In manchem Fall wird es uns vielleicht möglich sein, etwas von den „Konkretisationen" aufzudecken, die ein Sprachwerk im Leser Mahler gewann.

Der Grundstock positiver oder negativer literarischer Erfahrung wird im Schulunterricht gelegt. In dem frühesten Brief von Mahlers Hand, der sich erhalten hat, beruft er sich auf Gottfried August Bürgers Ballade „Der wilde Jäger". Der fünfzehnjährige Gymnasiast Gustav Mahler nennt sie allerdings „Die wilde Jagd".[12] Dem wilden Jäger stehen zwei Ritter zur Seite, der wackere rechte und der satanische linke. In Mahlers Brief besetzt Mahlers Vater die Position des wilden Jägers; der rechte Ritter rät ihm, den musikalisch begabten Sohn nach Wien ans Konservatorium zu schicken, der linke Ritter will ihn davon abhalten. Bürgers Allegorie, auf den biederen Likörfabrikanten Bernhard Mahler in Iglau angewandt, zeugt davon, daß bereits der junge Mahler Sinn für bizarren Humor hatte.

Da der rechte Ritter die Oberhand gewann, zog Mahler im Jahr 1875 ans Wiener Konservatorium und mußte nebenbei als Externist das Iglauer Gymnasium absolvieren. Seine Schulkenntnisse im Fach „Deutsche Sprache", in das auch die Dichtung deutscher Sprache eingeschlossen war, können nicht sehr groß gewesen sein. Wir finden zwar die Note „befriedigend" in den Zeugnissen der fünften bis siebenten Klasse, aber dann plötzlich zum Abschluß der achten, knapp vor der Matura, ein barsches „Nicht genügend".[13] Auch bei der Matura, die er erst im zweiten Anlauf bestand, gab es bloß ein „Genügend". Ein Aufsatz der achten Klasse mit dem Thema „Über die Motive, die Wallenstein zum Abfall bewogen" hat sich erhalten.[14] Er wurde „nichtgenügend" klassifiziert, weil Mahler das Thema „ganz willkürlich geändert" hatte. Mahler zeichnete das Psychogramm eines Tagträumers und Phantasten, ging aber mit keiner Silbe auf die von Schiller entwickelten Motive ein. Man darf annehmen, daß ihm der dramatische Aufbau gar nicht präsent war.

Wir wissen bedauerlicherweise nicht, welches Lesebuch im Iglauer Gymnasium verwendet wurde. Möglicherweise war es noch das in vielen Auflagen erschienene von Joseph Mozart, das die Klassiker und ihre Vorgänger bevorzugte und die deutsche Romantik wie auch Jean Paul links liegen ließ.[15] So ließe sich erklären, daß Mahler rund um das Jahr 1880 Jean Paul für sich entdeckte und in einen richtigen Jean-Paul-Taumel verfiel, der sich nachweislich auf seinen Briefstil auswirkte. Der Jugendfreund Friedrich Löhr schrieb darüber:

> Sollte sich ein Leser finden, der hier Jean Pauls innig gedächte, so drücke ich ihm im Geiste die Hand. Das soll aber nicht heißen, daß mir die überaus schönen Worte Mahlers heute als anempfundene Nachahmung erschienen. Es hat damals noch junge Menschen gegeben, die Jean Paul wesensverwandt empfanden und drum von ihm so tief aufgewühlt und beseligt wurden.[16]

Mahler ist diesem Leseabenteuer übrigens treu geblieben. Bruno Walter, der Mahler 1894 kennenlernte, versichert uns, daß der „Siebenkäs"[17] dessen Lieblingswerk war, und daß er sich im komplizierten wilden Humor Schoppes, einer Figur, die unter wechselnden Namen im

„Siebenkäs" und im „Titan" auftritt, „wie im heimischen Element" fand.[18] Wir können uns vorstellen, daß sich der junge Kapellmeister Mahler, der von Engagement zu Engagement zog, ständig in Geldverlegenheit war und mit den widerwärtigsten Dornenstücken der Intrige konfrontiert wurde, weitgehend mit dem Armenadvokaten Firmian Siebenkäs identifiziert hat. Auch dieser stellte die Fragen nach der Existenz Gottes und dem Sinn des Lebens, die den jungen Mahler quälten, und mußte schließlich ins Grab steigen, um zu einem lebenswerten Leben aufzuerstehen.[19] Mahler hat seiner „Ersten" im Jahr 1888 entstandenen Symphonie bei ihrer Hamburger Aufführung den Titel „Titan" gegeben. Offenbar wurde aber nur der Titel entlehnt und kein Versuch unternommen, die Charaktere des Romans musikalisch nachzuformen. Auch noch in viel späterer Zeit erkennen wir in Mahler den eifrigen Jean Paul-Leser, so etwa wenn er sich 1901 scherzhaft mit Quintus Fixlein vergleicht.[20]

Ebenso nachhaltig war der Einfluß Dostojewskis. Als Bruno Walter in Mahlers Hamburger Domizil zu Gast war, fragte ihn Emma, Mahlers jüngste Schwester, unvermittelt: „Wer hat recht, Aljoscha oder Ivan?" Erst als der junge Kapellmeister sie ratlos anblickte, erklärte sie ihm, sie spreche von einem Kapitel in Dostojewskis Roman „Die Brüder Karamasow", das ihren Bruder so leidenschaftlich beschäftigte. Bruno Walter fügte diesem Erlebnis später wörtlich hinzu:

> In diesem Gespräch zwischen Ivan und Aljoscha kommt in der Tat ein ähnlicher Zustand wie die Seelennot Mahlers, sein Leid über das Leid der Welt und sein Suchen nach Trost und Erhebung zu beredtem Ausdruck, und im Grunde kreiste alles, was Mahler dachte und sprach, las und komponierte um die Fragen des „Woher? Wozu? Wohin?"[21]

Dostojewski blieb mehr als ein Jahrzehnt hindurch Mahlers Liebe und Zuflucht. Auch Alma Mahler bezeugt, daß ihr Gatte immer wieder die

Worte sprach: „Wie kann man glücklich sein, wenn ein Geschöpf auf Erden noch leidet!" und daß er oft die „Erniedrigten und Beleidigten" im Munde führte.[22] Bei einem Abend unter Arnold Schönbergs Schülern im Jahr 1907 stellte er diesen die Frage: „Wie steht es bei euch mit Dostojewski?" und erhielt, angeblich von Anton v. Webern, die Antwort: „Den brauchen wir nicht mehr, wir haben Strindberg."[23] Ob sich Mahler mit Strindberg auseinandergesetzt hat, ist nicht überliefert. Ich wage die Behauptung: Wenn ja, so hat er ihm nicht gefallen.

Zurück zur Romantik: Als Mahler in den 1880er Jahren, fern von Wien, in Kassel engagiert war, versorgte ihn Freund Löhr mit Lektüre. „Ponce de Leon" von Clemens Brentano war darunter, von Mahler richtig als nicht fürs Theater taugliches Lesestück klassifiziert. Er begegnete Brentano auch noch später: als Herausgeber des „Wunderhorns" und als Autor der Geschichte von „Hinkel, Gockel und Gackeleia", die er seiner Tochter Anna erzählte oder vorlas.[24] Weiter las Mahler in Kassel Sulpiz Boisserées „Tagebücher und Briefe", die er offenbar sehr selektiv aufnahm. Die Schlegels waren ihm unsympathisch, aber er vertiefte sich mit Sorgfalt in alle Abschnitte, die ihm Einblick in das Leben Goethes gewährten. „Ich hätte jetzt wohl Lust (leider auch Zeit) ein tüchtiges Stück der Goethe-Literatur durchzuknuspern, um mir doch so aus den verschiedenen Strahlen das gute weiße Licht zusammenzusetzen..."[25], schrieb er an Löhr. Die Beschäftigung mit Goethe sollte sich über Jahrzehnte erstrecken. Er las nicht nur immer wieder in Goethes Briefwechsel mit Schiller – übrigens auch das Schiller-Buch von Otto Brahm - , sondern ebenso oft in Eckermanns „Gesprächen mit Goethe" („Ich las wie meistens im Sommer im ‚Eckermann'", schrieb er 1908 [26]) und natürlich „Aus meinem Leben" (Dichtung und Wahrheit), den „Werther" und beide Teile des „Wilhelm Meister". Auch eine Goethe-Biographie in 2 Bänden von Albert Bielschowsky gehörte zum Lesestoff.[27] In seinem Komponierhäuschen am Wörthersee standen auf den Regalen sämtliche Werke von Goethe und eine Ausgabe Kant.[28]

Er konnte natürlich nicht alles lesen in den Theaterferien, und der Bühnenbildner Alfred Roller erinnerte sich, Mahler habe ihm die vielen Bände mit Goethe-Briefen gezeigt „als Lektüre, die er sich für seine alten Tage aufhebe".[29] In diesem Komponierhäuschen wurde die Vierte Symphonie vollendet und entstanden die Fünfte, die Sechste, die Siebente und die Achte Symphonie. In der Achten kam Goethe selbst zu Wort, denn Mahler legte dem zweiten Teil des Werkes die Schlußszene des „Faust" zugrunde. Über diese Szene schrieb Mahler im Juni 1909 einen ebenso geistvollen wie emotionellen Brief an seine Frau,[30] der eine Untersuchung für sich wert wäre. Der Grazer Musikkritiker Ernst Decsey, der Mahler um diese Zeit auf seinem Landsitz besuchte, las Mahler auf dessen Anregung aus dem „Faust" vor. „Er kostete dann die Stellen, die er schon auswendig wußte, von neuem aus", schrieb Decsey.[31] Er war aber nicht nur von Goethes Dichtungen gefesselt, was niemanden wundern wird, sondern auch von den naturwissenschaftlichen Arbeiten.[32]

Wenngleich Goethe die Zentralsonne von Mahlers geistigem Universum bildete, war er auch anderen deutschen Dichtern zugetan. Bruno Walter und Natalie Bauer Lechner berichten übereinstimmend, daß ihm Hölderlin sehr teuer war, ganz besonders das Gedicht „Der Rhein" und auch die rätselhaften Verse, die Hölderlin nach seiner geistigen Erkrankung geschrieben hatte.[33] Alma gegenüber bekannte er sich zu Hölderlin als einem Lieblingsdichter und -Menschen.[34] Zu eigenen Gedanken angeregt hat ihn vor allen die vierte Strophe des „Rhein". Er erkannte im Strom mit sicherem Gefühl ein poetisches Bild des genialen Menschen. „So viel auch wirket die Not / Und die Zucht, das meiste nämlich / Vermag die Geburt / Und der Lichtstrahl, der / Dem Neugebornen begegnet". An diese Verse knüpfte Mahler seine Ansicht vom Genie Richard Wagners: „Aber er wurde auch im rechten Augenblick, zur wahren Gelegenheit geboren, da die Welt auf all das harrte, was er ihr zu sagen und zu bringen hatte. Und darin liegt nahezu die Hälfte der ungeheueren, weltbewegenden Wirkung, die solche Genien ausüben." Die Nachgeborenen [denen der „Lichtstrahl" nicht begegnet ist] hätten kein leichtes Amt, fuhr Mahler fort, denn die Ernte sei eingeführt und es seien nur noch vereinzelt liegende Ähren aufzulesen. Doch ließe sich für den richtigen Arbeiter immerhin noch ein stattliches Häuflein sammeln. Ein Nachsatz belegt, daß Mahler hierin auch sich selbst und seine Aufgabe erblickte: „Drum nicht gefeiert!"[35]

Ganz selbstverständlich war Mahler ein Bewunderer E.T.A. Hoffmanns, der ihn nicht nur als Erzähler, sondern auch als Musikschriftsteller anzog: „So verstehend wie er hat keiner über Musik geschrieben (der wäre ein Kritiker gewesen). Wie andere Musik machen zu Worten, findet er das Wort und den treffendsten, herrlichsten Ausdruck zur Musik", sagte er zu Natalie.[36] Auch Eichendorff scheint ihn früh angezogen zu haben; wir finden im Vokabular Mahlers und seiner Freunde manche Übernahme aus dem Sprachschatz des Dichters, unter anderem das Wort „Naturlaut".[37] Überraschender als diese Vorliebe für die Romantik ist Bruno Walters Erinnerung, daß Mahler sich Angelus Silesius verwandt fühlte „und sich gern Trost von seiner kühnen und erhabenen Gottesnähe"[38] holte.

Seine Lektüre beschränkte sich aber nicht auf deutschsprachige Klassiker. Er las mit Begeisterung Sternes „Tristram Shandy" und den „Don Quijote" des Cervantes. Diese Lektüre können wir ausnahmsweise sogar datieren. Als die Sängerin Anna von Mildenburg, Mahlers große Liebe in Hamburg, im Herbst 1895, gleich nach Antritt ihres Engagements, erkrankte und das Bett hüten mußte, bot ihr Mahler als Lektüre etwas „Humoristisches" an, wie den „Don Quijote" oder die „Pickwickier" von Charles Dickens.[39] Im folgenden Sommer las Mahler seinen Schwestern und Freunden, die mit ihm die Ferien am Attersee verbrachten, aus dem Werk von Cervantes vor, und Bruno Walter erinnerte sich gerne, daß Mahler „vor Lachen nicht weiterlesen konnte, als er zu dem Angriff auf die Windmühlen kam. So unbändig er aber über Taten und Reden von Herrn und Diener auch lachte, so überwog doch die Rührung über den Idealismus und die Reinheit des Don Quijote jedes andere Gefühl bei ihm."[40] Wenn Bruno Walters Eindruck richtig war, so können wir vermuten, daß Mahler über den Ritter von der traurigen Gestalt zwar lachte, sich aber zugleich mit ihm identifizierte. War er nicht selber einer, der gegen die Windmühlen des Theaterbetriebes focht, gegen die künstlerische Lauheit und Gedankenlosigkeit der Musiker und der Zuhörer?

Und wieder ein Datum, an das wir uns halten können. Natalie Bauer-Lechner überliefert, was Mahler in den Sommerferien 1899 gelesen hat. Es waren die Ferien in Bad Aussee, als Mahler seine Vierte Symphonie konzipierte. Er las Schiller-Goethe „Briefwechsel", Eckermann „Gespräche mit Goethe", die „Wahlverwandtschaften", „Franz von Assisi" von Paul Sabatier, die „Bakchen" des Euripides – und das Drama „Adam" von Siegfried Lipiner. Gustav Mahler war seit seiner Studienzeit mit Lipiner befreundet und kannte, obwohl wir kein Dokument dazu haben, gewiß dessen frühe Werke, vor allem den „Entfesselten Prometheus", der auf Nietzsche Eindruck gemacht hatte, und ebenso die Nachdichtungen aus dem Polnischen des Adam Mickiewicz. Nach diesen Jugendarbeiten war es still geworden um Lipiner. Er arbeitete seit Jahren an einer Christus-Trilogie, von der er Mahler immer wieder erzählte, verwarf aber das Geschriebene, um es neu zu schreiben und verwarf das neu Geschriebene. Nun endlich im Sommer 1899 übersandte Lipiner den ersten, als „Vorspiel" bezeichneten, Teil seines Großprojektes, mit dem Titel „Adam". Im Manuskript – auch dieses Stück ist wegen Lipiners krankhafter Selbstkritik erst nach seinem Tod im Druck erschienen. Mahler machte sich sofort an die Lektüre und schrieb Lipiner zwei enthusiastische Briefe. Wir dürfen annehmen, daß dieser Enthusiasmus echt war, auch wenn es Mahler wichtig war, den Freund durch sein Lob zu weiteren Taten zu ermutigen. Er schrieb:

> Das ist ein wahrhaft dionysisches Werk Glaub mir, das versteht außer mir kein Lebender. In den Bakchen des Euripides finde ich einen verwandten Zug. Nur spricht Euripides immer zu sehr von den Dingen, aber er gibt sie nicht. – Was ist es denn, was alles Lebende in die Gewalt des Dionysos gibt? Der Wein berauscht und erhöht den Zustand des Trinkenden! Was aber ist der Wein? – Der Darstellung ist es bis jetzt noch nie gelungen, was sich in der Musik in jeder Note von selbst ergibt. In Deiner Dichtung weht diese Musik![41]

Das sind starke Worte. Noch dazu von einem Musiker geschrieben. Wenn Mahler Lipiners Dichtung so unmittelbar nacherlebte, daß Wort und „Ding" zusammenfielen, wenn er Kains Haß auf Abel[42] nicht als Rhetorik auffaßte, sondern als den Urhaß der Menschheit, so kann man ihm nicht widersprechen, auch wenn die Nachwelt über Lipiners Werk anders urteilen mag.

Ein Jahr später, in den Sommerferien 1900 las Mahler wieder ein Stück von Siegfried Lipiner, den „Hippolytos", ein Drama, das den antiken Phaedra-Stoff neu gestaltet und das in knappen vierzehn Tagen entstanden sein soll. Mahler erhielt wieder eine Abschrift; denn das Stück wurde erst 1911, gemeinsam mit „Adam", gedruckt. Wieder schrieb Mahler dem Freund einen Dankesbrief, der aber neben jubelnder Zustimmung auch einen kritischen Einwand enthält Seine Bedenken weisen ihn als Literaturkenner aus, denn er erkennt im „Hippolytos" ähnliche Mängel wie in Grillparzers „Argonauten", wie bei Racine und auch in Wagners „Götterdämmerung".[43] : Es wird zuviel Vorgeschichte der sichtbaren Handlung deklamiert.

Meines Wissens sind die beiden Theaterstücke Lipiners nicht aufgeführt worden. Es sind Lesedramen, die freilich längst nicht mehr gelesen werden. Mahler war indes nicht nur ein Bücherfreund, sondern ging auch gerne ins Theater. Über diese Theaterbesuche wissen wir leider noch weniger als über seine Lektüre, aber es läßt sich denken, daß er – an einem Dreispartentheater engagiert – an freien Abenden gerne die Gelegenheit wahrnahm, sich ein Sprechstück anzuschauen. Später in Wien stand dem Operndirektor natürlich immer ein Sitz im Burgtheater zur Verfügung. Durch Zufall ist bekannt, daß Mahler im Mai 1999 Calderons „Richter von Zalamea" im Burgtheater sah und so starke Eindrücke empfing, daß ihm seine Opernarbeit dagegen „antikünstlerisch" erschien.[44] Ein Jahr später sah er, auch im Burgtheater, Molières „Misanthrop" und war entsetzt über das rasante Tempo, in dem der Text heruntergehetzt wurde. „Wenn ich bei einem Musikwerk ein noch nicht bekanntes Thema zu bringen habe", lautete Mahlers Kommentar, „wie deutlich und nachdrücklich mache ich es, damit es der Hörer ja auffaßt. Eher kann man, wenn es wieder kommt, das Tempo beschleunigen..."[45] Wir sehen auch in diesen beiden Fällen, daß Mahler künstlerische Eindrücke sehr gerne auf sich und seine eigene Arbeit bezog. Er kannte auch Ludwig Anzengrubers „Kreuzelschreiber" – ob er das Stück gelesen oder gesehen hat, wissen wir nicht – und hielt sich darin vor allem an den Steinklopferhans und dessen tröstendes Motto: „Es kann dir ja nichts g'schehn!"[46]

Zu Beginn des Jahres 1904 befand sich Mahler, längst mit Alma verheiratet, allein auf einer Konzertreise, bei der er in Mannheim seine Dritte Symphonie dirigierte. Am Abend nach der Probe ging er ins Theater und schrieb seiner Frau einige bemerkenswerte Zeilen, die hier zitiert werden sollen:

> Ich zog es vor, den Abend im Theater zu verbringen, wo eine Vorstellung von Romeo und Julia mich – trotz alles Stümpertums – ganz in den Bannkreis des größten aller Dichter und beinahe aller Menschen, Shakespeare zwang, und es ging mir wieder manches auf – in gewissem Sinn ziehe ich eine schlechte Darstellung eines solchen Werkes einer bloß halb-guten vor. Meine Phantasie wird tätig, und die Wirklichkeit – die hier `Unzulänglichkeit` ist – wird zum ‚Ereignis', und alles erhebt sich zum Typus-Symbol.[47]

Zuerst bemerken wir die Goethe-Zitierungen, die beweisen, daß die letzten Verse von „Faust" II Mahlers Gedankenwelt schon lange beherrschten, ehe er sie im Sommer 1906 in Musik setzte. Um Mahlers Reaktion auf die schlechte Aufführung zu verstehen, muß man sich vor Augen halten, daß er ein hervorragender Theaterfachmann war. Er dirigierte nicht nur, sondern führte auch Regie, obwohl die Theaterzettel seinen Name weder in der einen noch in der anderen Funktion nannten. Schon als Fünfundzwanzigjähriger in Prag hatte er die Sänger nicht nur musikalisch, sondern auch darstellerisch unterwiesen. Wie ein Sänger zu agieren hatte, sagten ihm die Partitur und sein Bühneninstinkt. Die schlechte Aufführung in Mannheim gestattete ihm daher, Shakespeares Text frei von fremder Interpretation zu erleben; als Rohmaterial sozusagen, das er im Geist interpretierte. Die Rezeption von Regisseur und Darstellern stand nicht zwischen dem Dichter Shakespeare und dem Zuschauer Mahler.

Alma Mahler berichtet, daß sie im selben Jahr gemeinsam mit ihrem Mann den „Armen Heinrich" von Gerhart Hauptmann sah, leider ein unergiebiger Bericht, weil sie zwar ihre eigene Begeisterung notierte, aber mit keinem Wort verriet, wie es Mahler gefallen hatte.[48] Die von Alma sehr geförderte Freundschaft zwischen ihrem Gatten und Hauptmann brachte es auch mit sich, daß das Ehepaar Mahler bei der Wiener Premiere der „Rose Berndt" in Hauptmanns Loge saß[49], aber wir erfahren wieder nicht, was Gustav zu dem Stück sagte. Im Juni 1905, als Alma schon in Kärnten war, ging er zu einer Vorstellung von „Minna von Barnhelm", die ihn langweilte. Im Münchener Residenztheater dagegen sah er, in einer späteren Saison, „Bunbury" von Oscar Wilde, unterhielt sich bestens und bedauerte, daß seine Frau nicht dabei war.[50] Im Jahr 1907 hielt Mahler sich in Berlin auf, glücklicherweise allein, ohne seine Frau, denn sonst hätte er ihr nicht geschrieben, daß er in Max Reinhardts Kammerspielen das Stück „Frühlingserwachen" von Frank Wedekind sehen wolle. Er war neugierig geworden, weil einer seiner Berliner Freunde davon schwärmte, ein anderer sich schüttelte vor Ekel.[51] Mahler war, obwohl das Stück fünfzehn Jahre alt war, „paff" – eines seiner Lieblingwörter. „Riesig stark," schrieb er an Alma, „und begabt und voller Poesie!" Dann aber folgte eine Rücknahme des Lobes, die ahnen läßt, daß Mahler spätere Stücke von Wedekind gesehen oder gelesen hatte. „Welch ein Schaden! Was hätte aus dem werden müssen! In welche Gesellschaft ist der geraten – und was ist ihm passiert?"[52] Natürlich müssen wir die Frage stellen, ob Mahler vielleicht bei der legendären Uraufführung der „Büchse der Pandora" im Wiener Trianontheater anwesend war. Wir können sie leider nicht beantworten. Mahler war zwar am 29. Mai 1905 in Wien und offenbar dienstfrei, wo er den Abend verbrachte, wissen wir aber nicht. Vielleicht war er dabei, vielleicht hat er von dieser Aufführung bloß gehört. In Berlin lernte er 1907 Wedekind sogar persönlich kennen und betonte Alma gegenüber, daß dieser ihm nicht mißfallen habe.[53] Bei demselben Berliner Aufenthalt mußte sich Mahler, seinem Freund Hauptmann zuliebe, dessen Drama „Friedensfest" im Deutschen Theater anschauen. Er wäre lieber zu Hause, d. h. im Hotel, geblieben. „Ein schreckliches, realistisches Ding, wenn man sich für diese Art Kunst erwärmen kann, so kommt man ja auf seine Rechnung. Ich begab mich auch ganz in das Rayon des Autors, um ihm gerecht zu werden."[54]

Nachdem Mahler seinen Wiener Direktionsposten aufgegeben hatte, war er vier Spielzeiten hindurch als Opern- und Konzertdirigent in New York tätig. Alma Mahler, die ihn begleitete, schrieb dazu:

> Wir gingen viel in Oper und Sprechtheater. Mahler hatte natürlich überall Ehren-Logen und -Plätze. So gerieten wir einmal in das Stück eines ganz unbekannten jungen Autors namens MacKaye. Dieses Stück hieß ‚The Scarecrow', war eine Art Spiegelmystik-Idee mit alten Märchenmotiven durchwirkt, ungemein talentiert und phänomenal aufgeführt. Zu diesem Stück gingen wir dreimal. Wir wären zehnmal gegangen, wenn es nicht abgesetzt worden wäre, weil es außer uns kein Publikum hatte.[55]

Kehren wir zurück zu den Büchern! Gustav Mahler war seit dem Frühjahr 1902 mit Alma verheiratet, und die alten Freunde, die soviel Wissen über seine Lesegewohnheiten bewahrten, vor allen Siegfried Lipiner und Natalie Bauer-Lechner, verschwanden schlagartig aus seinem Umfeld. Wir wissen darum auch wenig darüber, was Mahler in diesem Jahrzehnt gelesen hat. Im Sommer 1904 schreibt er vom Wörthersee an seine noch in Wien befindliche Gattin, daß er abwechselnd den Briefwechsel Richard Wagner – Mathilde von Wesendonck und „Meine Beichte" von Tolstoi lese. So sehr ihn alles, was Wagner betraf, erbaute, so sehr fühlte er sich von Tolstois Werk abgestoßen. „Furchtbar trist und barbarisch selbstzerfleischend, schiefe Fragestellung und infolge dessen grenzenlose Verwüstung aller errungenen Herzens- und Geistesgüte," schrieb er an seine Frau[56] und ergänzte wenig später: „Tolstoi lasse ich eine Weile; von dem muß man sich ausruhen; ich rede nur vom Schriftsteller und Propheten. Seine Novellen und Romane, das ist was anderes."[57]

Im Oktober demselben Jahres 1904 fuhr Mahler nach Holland, um eigene Werke zu dirigieren. Während dieses Aufenthaltes geriet er in größere Gesellschaft, in der das Gespräch auf Multatuli und dessen bereits 1860 erschienenen Roman „Max Havelaar" kam. Hinter dem Pseudonym Multatuli verbarg sich ein ehemaliger Kolonialbeamter namens Eduard Douwes Dekker, der in leidenschaftlicher Diktion die niederländische Kolonialpolitik in Ostindien, dem heutigen Indonesien, verdammte. Sein Standpunkt wird durch den Titelhelden Havelaar vertreten. Es stellte sich heraus, daß manche Holländer diesen Angriff auch nach vierundvierzig Jahren noch nicht verschmerzt hatten, denn einer der Anwesenden bemerkte, daß Dekker ein schlechter Gouvernementsbeamter gewesen sei. Das hätte er nicht sagen sollen, denn der Bücherfresser Mahler kannte diesen Roman – Alma hatte ihn Abend für Abend vorgelesen. Mahler gab seinem Erstaunen Ausdruck, daß er, der Fremde, Multatuli in diesem Kreis verteidigen müsse.

„Bücher fresse ich immer mehr und mehr"

> Er würde es sich selbst zur größten Ehre anrechnen, wenn er, im Fall, daß Multatuli an diesem Tisch säße, ihn anreden und – dabei stand er auf und machte eine Verbeugung vor dem imaginären Gast – ihm sagten dürfte: „Herr Multatuli, ich hege eine tiefempfundene Bewunderung für Sie und hasse alle Droogstoppels."[58]

Das ist eine der schönsten Mahler-Anekdoten. Wie wir ihn in Dostojewskis Romanen aufseiten der Erniedrigten und Beleidigten sahen, so finden wir ihn in Multatulis Roman aufseiten der ausgebeuteten und gequälten Javaner. Und nun nahm sich so ein Droogstoppel heraus, den Autor in Mahlers Gegenwart schlecht zu machen! Da mußte er aufstehen und sich vor ihm verneigen. Was aber ist das: ein Droogstoppel? In Multatulis Roman ist es der Name eines Amsterdamer Kaffee-Maklers: schwerreich, ausbeuterisch, hartherzig und selbstgerecht. Der Roman hatte Mahlers Phantasie so angeregt, daß er Amsterdam durch Multatulis Brille sah. Er schrieb an seine Frau: „Du, mit Holland ist es doch nichts, wenn wir einmal in Pension gehen. Ich suchte immer nach Havelaars und fand nur Droogstopls [!]."[59] Er hat diese Meinung später etwas gemildert.

Im Sommer 1904 fuhr Mahler allein an den Wörthersee und schrieb an Alma, die wegen der Geburt ihrer zweiten Tochter noch in Wien war, daß er das „Bildnis des Dorian Gray" von Oscar Wilde lese, und schon neugierig sei, wie sich die Sache entwickle.[60] Wenige Tage später, als er schon weiter war, heißt es: „Der Wilde sehr aufregend und dabei eine ziemlich hohle Nuß. Eine nicht üble Idee durch Willkürlichkeit und etwas Dilettantismus verpfuscht. Du darfst es nicht lesen."[61] Mahlers Urteil trifft – meiner Meinung nach – ins Schwarze, aber der Nachsatz befremdet. Offenbar übte Mahler gegenüber seiner Frau eine Art von Zensur aus. Oder irre ich?

Als Richard Dehmel nach Wien kam, arrangierte Mahler, der den Dichter von Hamburg her kannte und wenig schätzte, ein Treffen, weil er wußte, daß Alma sich für ihn interessierte; sie hatte sogar mehrere

Gedichte von Dehmel vertont.[62] Wie Alma berichtet, las sie ihrem Mann Dehmels lyrischen Roman „Zwei Menschen" vor, gleichzeitig mit dem „Parsifal" des Wolfram von Eschenbach[63], den Mahler allerdings von seiner Universitätszeit her kennen sollte.

Von der Sommerlektüre 1907 wissen wir Genaueres. Ende Juni weilte Mahler allein auf dem Schneeberg und hatte ein Buch von Dmitri Sergejewitsch Mereschkowski im Gepäck. „Den Mereschkowski mußt Du gleich lesen," schrieb er an seine Frau. „Das gehört zu dem Allerbesten, was ich kenne, und ist eines von jenen Büchern, die ich noch einmal lesen werde."[64] Leider wissen wir nicht, um welches Buch von Mereschkowski es sich handelte. Ich vermute, daß es der Essay „Tolstoi und Dostojewski" war, in dem Mereschkowski gegen Tolstoi und für Dostojewski Stellung nimmt. Es könnte aber auch einer seiner Romane gewesen sein. Im Juli 1907 starb in Mahlers Sommerhaus am Wörthersee sein älteres Töchterchen. Mahler flüchtete nach Wien und gab seiner in Kärnten verbliebenen Frau brieflich Anweisungen, was sie zusammenpacken und nach Wien bringen sollte: „Nimm auch meine Radfahranzüge mit – ebenso Mommsen, Beethovens Briefwechsel und Hölderlin. Überhaupt von Büchern laß nur Göthe [!] und Schaepeare [!] dort. Rückert nimm mit."[65] Mit diesem Wunsch wollte Mahler gewiß nicht ausdrücken, daß ihm Goethe und Shakespeare weniger wichtig waren als Mommsen und Rückert. Vermutlich betrachtete er seine Goethe- und Shakespeare-Ausgaben als Teil der Einrichtung und nicht wie die anderen genannten Werke als aktuelle Lektüre.

Die schon eingangs erwähnten Zufälligkeiten der Überlieferung mögen eine Rolle spielen: Dennoch müssen wir Mahler als einen eher konservativen Leser ansehen. Die Literatur des Jungen Wien schien ihn nicht zu interessieren, er fand wohl alles zu dekadent und pervers, und äußerte sich Alma gegenüber sehr spöttisch, als Strauss die „Elektra" von Hofmannsthal vertonte.[66] Und erst Maeterlinck! Vom „fuselhaft trüben Gedankendusel Maeterlincks"[67] sprach er und von

„Quark"⁶⁸, weil ihm die ganze symbolistische Richtung suspekt war. Auch wenn wir die Verse betrachten, die Mahler seinen Liedern und Symphoniesätzen zugrunde legte, gewinnen wir den Eindruck einer bewußten Rückgewandtheit. Mahler war nicht nur der Welt, sondern auch der Literatur seiner Zeit abhanden gekommen. „Des Knaben Wunderhorn", Rückert, Goethe. Und wenngleich Hans Bethge ein Zeitgenosse war, so hatte er doch altchinesische Gedichte verwertet. Kein Zufall, daß Mahler Dehmel ablehnte, daß seine Einschätzung Gerhart Hauptmanns zumindest zwiespältig war und daß er von Wedekind mit Ausnahme von „Frühlings Erwachen" entsetzt war! Nach der Uraufführung der „Achten Symphonie" schickte ihm Thomas Mann seinen Roman „Königliche Hoheit". Hat Mahler ihn gelesen? Er verkehrte weder mit Hofmannsthal noch mit Schnitzler, die beide in Wien wohnten. Einmal hatte ihn Almas Freund Max Burckhard mit Hermann Bahr zusammengebracht, aber das Unternehmen war gescheitert.⁶⁹

Trotzdem waren Bahr und Schnitzler und alle die von ihm nicht geliebten Wiener Autoren treue Mahlerianer. Mahler las indes Rosegger und verstieg sich so weit, daß er dem Kritiker Ernst Decsey gegenüber Rosegger zum bedeutendsten Dichter der Gegenwart hochjubelte. „Das ist der größte! Bei allen anderen gibt's nur mehr oder weniger Geburtskrämpfe... cum grano salis natürlich, cum grano salis..." sagte er wieder, sein Gewissen beruhigend.⁷⁰ Bei Decseys schon erwähntem Besuch in Toblach, bei dem sich Mahler aus dem zweiten Teil des „Faust" vorlesen ließ, bemerkte der Kritiker unter den vielen Büchern, die gestapelt in Mahlers Zimmer lagen, neben sämtlichen Bänden von Brehms „Tierleben" auch das kürzlich erschienene „Tagebuch" von Hermann Bahr. Decsey las Mahler daraus vor „und er freute sich, daß Bahr seiner sympathisch gedachte, obwohl er ihn nur flüchtig kenne". Als Decsey aber mitteilte, Bahr hätte die Absicht, Mahler in einem seiner nächsten Werke als Romanfigur einzuführen, wurde dieser ängstlich.⁷¹ Nicht ohne Grund.

Wir haben, wie mir scheint, mit Mahlers Lektüre doch einen gar nicht so kleinen Bücherkasten gefüllt. Wir haben gemerkt, daß er auf Werke der Literatur, die ihn berührten, unmittelbar reagierte. Wir haben aber auch gelernt, daß Lektüre für ihn, der sich vorlesen ließ und selbst vorlas, der mit den Geschwistern und Freunden über Dostojewski diskutierte, kein einsames Erlebnis war, sondern ein soziales, mitteilbares, dem kollektiven Erlebnis der symphonischen Musik vergleichbar. Und keinesfalls war das „Bücherfressen" bloß Zeitvertreib, sondern intellektuelle Arbeit, auch Arbeit an sich selbst.

Anmerkungen

1) Gustav Mahler, „Briefe". Neuausgabe. Hrsg. Herta Blaukopf. Wien 1996, S. 141 f.
2) Richard Specht, „Gustav Mahler". Berlin 1913, S. 299.
3) Theodor W. Adorno, „Mahler. Eine musikalische Physiognomik". Frankfurt 1960, S. 85.
4) Inna Barssowa, „Zum Formproblem bei Gustav Mahler", in: „Gustav Mahler. Internationales Gewandhaus-Symposium. Bericht". Leipzig 1985, S. 53.
5) Mahler (siehe Anm. 1) S. 163.
6) Anton von Weberns Tagebuch, zit. nach: Hans Swarowsky, „Wahrung der Gestalt". Wien 1979, S. 159.
7) Bruno Walter, „Thema und Variationen". Frankfurt 1960, S. 116.
8) Ernst Decsey, „Stunden mit Mahler", in: „Die Musik" X/18 (1911).
9) Mahler (siehe Anm. 1) S. 114.
10) Henry-Louis de La Grange, „Mahler" I. Garden City/New York 1973, S. 17.
11) Ebenda S. 20.
12) Mahler (siehe Anm. 1) S. 25.
13) „Journey's Beginning. Gustav Mahler and Jihlava in Written Sources". Jihlava 2000, S. 99-113.
14) Ebenda S. 138 ff.
15) Vgl. Herta Blaukopf, „Die deutsche Romantik und Mahler", in: „The Seventh Symphony of Gustav Mahler. A Symposium". Madison 1990.

16) Mahler (siehe Anm. 1), Anmerkungen von Friedrich Löhr, S. 434.
17) genau: „Blumen-, Frucht- und Dornenstücke oder Ehestand, Tod und Hochzeit des Armenadvokaten F. St. Siebenkäs".
18) Bruno Walter, „Gustav Mahler. Ein Porträt". Frankfurt 1957, S. 103.
19) Vgl. Herta Blaukopf, „Jean Paul, die erste Symphonie und Dostojewski", in: „Gustav Mahler. Werk und Wirken." Hrsg. Erich Wolfgang Partsch. Wien 1996, S. 35-42.
20) Mahler (siehe Anm. 1) S. 287.
21) Walter (siehe Anm. 7) S. 115.
22) Alma Mahler, „Gustav Mahler. Erinnerungen und Briefe". Amsterdam 1940, S. 30.
23) Ebenda S. 155.
24) Persönliche Mitteilung von Anna Mahler an die Verfasserin.
25) Mahler (siehe Anm. 1) S. 54
26) Ebenda S. 379.
27) „Ein Glück ohne Ruh'. Die Briefe Gustav Mahlers an Alma". Hrsg. Henry-Louis de La Grange und Günther Weiß. Berlin 1995, S. 293.
28) Ebenda S. 60.
29) Alfred Roller, „Die Bildnisse Gustav Mahlers". Wien 1922, S. 19.
30) „Ein Glück ohne Ruh'" (siehe Anm. 27) S. 388 ff.
31) Decsey (siehe Anm. 8) S. 353.
32) Walter (siehe Anm. 18) S. 101.
33) Ebenda S. 102.
34) „Ein Glück ohne Ruh'" (sieh Anm. 27) S. 95.
35) „Gustav Mahler in den Erinnerungen von Natalie Bauer-Lechner". Hrsg. Herbert Killian. Hamburg 1984, S. 53.
36) Ebenda.
37) Vgl. Blaukopf (siehe Anm. 15) S. 8 f.
38) Walter (siehe Anm. 18) S. 102.
39) Anna Bahr-Mildenburg, „Erinnerungen". Wien 1921, S. 22.
40) Walter (siehe Anm. 18) S. 31.
41) Mahler (siehe Anm. 1) S. 264.
42) Siegfried Lipiner, „Adam. Ein Vorspiel, und Hippolytos, Tragödie". Stuttgart 1913, S. 57.
43) Mahler (siehe Anm. 1) S. 271-274.
44) Natalie Bauer-Lechner, „Erinnerungen". Typoskript, S. 36.

45) Ebenda S. 52.
46) Walter (siehe Anm. 7) S. 115 f.
47) „Ein Glück ohne Ruh'" (siehe Anm. 27) S. 180.
48) Alma Mahler (siehe Anm. 22) S. 86 f.
49) Ebenda S. 105 f.
50) „Ein Glück ohne Ruh'" (siehe Anm. 27) S. 298.
51) Ebenda S. 305.
52) Ebenda S. 307.
53) Ebenda S. 310.
54) Ebenda S. 309.
55) Alma Mahler (siehe Anm. 22) S. 199.
56) „Ein Glück ohne Ruh'" (siehe Anm. 27) S. 201.
57) Ebenda S. 206.
58) Aus den Lebenserinnerungen von H. de Booys, zit. nach Eduard Reeser, „Gustav Mahler und Holland". Wien 1980, S. 19.
59) „Ein Glück ohne Ruh'" (siehe Anm. 27) S. 169.
60) Ebenda S. 201.
61) Ebenda S. 206.
62 Es handelt sich um die Gedichte „Die stille Stadt", „Waldseligkeit", „Ansturm" und „Lobgesang".
63) Alma Mahler (siehe Anm. 22) S. 149.
64) „Ein Glück ohne Ruh'" (siehe Anm. 27) S. 322.
65) Ebenda S. 325.
66) Ebenda S. 282.
67) Ebenda S. 107.
68) Ebenda S. 146.
69) Alma Mahler (siehe Anm. 22) S. 83.
70) Decsey (siehe Anm. 8) S. 355.
71) Ebenda S. 353.

„Bild – Symbol – Klang"
Zu Gustav Mahlers Wunderhorn-Vertonungen
Renate Stark-Voit

Teil 1: Die Entstehungsgeschichte der Wunderhornsammlung – kurz zusammengefaßt

Heidelberg mit seiner Universität wurde Anfang des 19. Jahrhunderts zu einem Zentrum für Germanisten und Dichter, unter ihnen Ludwig Achim von Arnim (1781–1831) und Clemens Brentano (1778–1842), die sich schon 1801 bei gemeinsamen Studien in Göttingen angefreundet hatten und um 1805 in Heidelberg wieder zusammentrafen. Das in der Romantik aufkommende Bedürfnis, sich von der elitären Gedankenwelt der Aufklärung und des Idealismus zu lösen und sich einer, wie sie meinten, echten, unverfälschten Volkspoesie zuzuwenden, ließ die beiden Dichterfreunde eine gemeinsame Idee entwickeln: Sie begannen, Material für eine Volksliedsammlung zu suchen, indem sie aus eigenen Kindheitserinnerungen, aber vor allem aus Almanachen, Zeitschriften und alten Drucken (oft sogenannten „Fliegenden Blättern") sowie durch Umfragen an ausgewählte Zielpersonen Aufzeichnungen von Volksdichtung aller Art anfertigten, die sie dann als großangelegte Anthologie veröffentlichen würden. Ihr Vorbild für dieses Vorhaben war Johann Gottfried Herder (1744–1803), der mit seiner später *Stimmen der Völker in Liedern* genannten ersten derartigen Publikation im deutschsprachigen Raum von 1778/79 eine sozusagen europaweite Sammlung von Volkspoesie vorgelegt hatte, die sich ihrerseits auf die englische Sammlung *Reliques of Ancient English Poetry* (1765) von Thomas Percy (1729–1811) bezog.

1805 traten Arnim und Brentano mit dem ersten Band ihrer Sammlung in Heidelberg an die Öffentlichkeit; sie war dem Geheimrat Goethe gewidmet. Dieser erste Band enthält einen umfangreichen Aufsatz von Arnim mit dem Titel *Von Volksliedern*, den er an den Berliner „Kapellmeister Reichardt" richtet; den Komponisten Johann Friedrich Reichardt, 1752–1814, den produktivsten und anerkanntesten deutschen Liederkomponisten vor Schubert, hatten die Herausgeber anfänglich in ihr Unternehmen einbeziehen wollen. In seinem Aufsatz begründet Arnim – angeblich ohne Brentanos Wissen – wortreich und recht polemisch das Bestreben, der Entwicklung der Poesie durch eine Rückwendung zum Echten, Einfachen, Vergessenen oder nie Aufgeschriebenen eine neue Vertiefung zu geben, die er in der Kunstproduktion seiner Zeit vermisse. Auch die deutsche Sprache selbst war dabei ein wichtiges Kriterium der Kritik:

> Die Gelehrten indessen versassen sich über einer eigenen vornehmen Sprache, die auf lange Zeit alles Hohe und Herrliche vom Volke trennte. [...] Nur wegen dieser Sprachtrennung in dieser Nichtachtung des besseren poetischen Theiles vom Volke mangelt dem neueren Deutschlande großentheils Volkspoesie [...][1]

Das Augenmerk der Sammler war gleichermaßen auf mittelalterliche Stoffe und Texte, religiöse Dichtung und Legenden gerichtet, wie auf eigentliche Volkslieder ihrer näheren und weiteren Umgebung (durchaus im Sinne von Lied mit Melodie):

> [...] der Reichthum unseres ganzen Volkes, was seine eigene innere lebende Kunst gebildet, das Gewebe langer Zeit und mächtiger Kräfte, den Glauben und das Wissen des Volkes, was sie begleitet in Lust und Tod, Lieder, Sagen, Kunden, Sprüche, Geschichten, Prophezeiungen und Melodien, wir wollen allen alles wiedergeben [...].[2]

Über die Art der Anordnung oder eine Gruppierung der Lieder hatten sich die Herausgeber zur Zeit des ersten Bandes noch kaum Gedanken gemacht, es kam ihnen vor allem auf eine bunte, kontrastreiche Abfolge an. Später, in der auf Band 2 und 3 aufgeteilten Fortsetzung von 1808, ist der Versuch einer Einteilung nach inhaltlichen Kriterien, aber auch nach der Art der Quelle, zu beobachten; der angehängte Teil „Kinderlieder" sollte ursprünglich separat erscheinen und ist sehr durchdacht angeordnet. Offenbar hat die Geschwindigkeit, mit der die in großer Menge gesammelten Lieder ediert und zum Druck gegeben wurden, eine im Ganzen nachvollziehbare Ordnung verhindert. Das Schlußgedicht der „Kinderlieder" ist übrigens ein religiöses Wiegenlied in lateinischer Sprache („Dormi Jesu"), womit die deklariertermaßen deutschsprachige Sammlung, die mit der Übersetzung einer altfranzösischen Romanze begonnen hatte („Das Wunderhorn"), am Ende wieder aus dem deutschen Sprachraum hinausführt. Obwohl manche Gedichte ihren Weg ins allgemeine Bewußtsein gefunden hatten und vereinzelt auch als Kunstlieder vertont wurden, so von Weber, Mendelssohn, Schumann und Brahms (nicht jedoch von Schubert), lag das Interesse am *Wunderhorn* deutschlandweit für einige Jahrzehnte ziemlich brach. Erst ab 1873 erschienen weitere (sicher preiswertere) meist zweibändige Neuausgaben der Sammlung, so daß bis Ende der Achtziger Jahre insgesamt fünf z. Tl. stark bearbeitete *Wunderhorn*-Drucke neben der Erstausgabe und ihren Neuauflagen erhältlich waren. Die Auflage der Erstausgabe selbst war bis 1900 noch immer nicht ausverkauft.

Aufgrund von Textvergleichen ist schon seit längerem bekannt, daß Mahler seine Texte nicht aus *einer* bestimmten Ausgabe entnommen und bearbeitet hat. Heinz Rölleke, der Herausgeber der *Wunderhorn*-Sammlung innerhalb der Historisch-Kritischen Brentano-Ausgabe, ist bereits 1981 zu der Einsicht gelangt, daß wahrscheinlich drei der späteren Ausgaben (Grote, Berlin 1873 und 1876, Reclam, Leipzig 1879,

„Bild – Symbol – Klang"

bzw. Hempel, Berlin 1883) abwechselnd im Spiel waren.[3] Ich habe in meinen Editionen[4] für jedes Lied einzeln die vermutliche Herkunft zu ermitteln versucht. Wir wissen mittlerweile jedoch auch, daß Mahler seit 1895 die Erstausgabe besaß; es war dies ein Geschenk der Sängerin Anna von Mildenburg (1872–1947), die Mahler in diesem Jahr kennengelernt hatte und der wir in anderem Zusammenhang noch einmal begegnen werden. Das perfekt erhaltene dreibändige Exemplar, leider ohne Eintragungen von Mahler, hat Anna Bahr-Mildenburg nach Mahlers Tod zurückerhalten und mit einem handschriftlichem Vermerk über die Geschichte der Besitzerwechsel versehen. Es ist heute in (mir zugänglichem) Privatbesitz. Mahler hatte bis 1895 bereits mindestens 19 Lieder nach Wunderhorntexten geschrieben (insgesamt 24 Lieder nach 26 Textvorlagen sollten es bis 1901 werden). Sein Dankesbrief an die Sängerin und Freundin lautet daher so:

> Mein liebes Mildenburgle!
> Welche Freude ich mit dem reizenden Buche habe, können Sie sich gar nicht denken. So schön ist es, daß mir sein Inhalt beinahe neu ist, daß ich mich nicht am Ende irre, und ein oder das andere Lied zum 2.male componire. Das müßten Sie dann sich zuschreiben.
> Mich freut nur eines, daß ich speziell dieses Buches nicht ganz unwürdig bin, und so habe ich einmal auch ein Geschenk bekommen, das ich mir vorher ein klein wenig verdient habe.[5]

Teil 2: 1905 – ein „Wunderhorn-Jahr"
Mahler und „Des Knaben Wunderhorn" im Rückblick

Seine letzte „Wunderhorn"-Vertonung hatte Mahler 1901 geschrieben. Die Gelegenheit, mehrere seiner Lieder, darunter die inzwischen entstandenen „Kindertotenlieder", Anfang 1905 in Wien selbst auf- bzw. uraufzuführen, gab ihm Veranlassung, sich auf seine „Wunderhorn-Zeit" rückzubesinnen.

Der Wiener Kritiker Ludwig Karpath schrieb Mitte Februar über Mahlers Wiener Liederabende:

> „Er ist meines Wissens der Erste gewesen, dem die herzbezwingende Schönheit von Des Knaben Wunderhorn aufgegangen und der mithin eine sehr ausgiebige Menge dieser Blüten deutscher Poesie vertont hat."[6]

Obwohl er dem Stil nach nicht direkt darauf bezogen sein kann, ist ein Brief Mahlers an Karpath vom 2. März 1905 in diesem Zusammenhang zu sehen:

> Meines Wissens sind die Wunderhornlieder nur vereinzelt komponiert worden. Also ein kleiner Unterschied ist es schon, wenn ich bis zu meinem 40. Lebensjahre meine Texte – sofern ich sie nicht selbst verfaßte (und auch dann gehören sie in gewissem Sinne dazu) – ausschließlich aus dieser Sammlung gewählt habe. ...
> Etwas anderes ist es, daß ich mit vollem Bewußtsein von Art und Ton dieser Poesie (die sich von jeder anderen Art Literaturpoesie wesentlich unterscheidet und beinahe mehr Natur und Leben – also die Quelle aller Poesie – als Kunst genannt werden könnte) mich ihr sozusagen mit Haut und Haar verschrieben habe.
> Und daß ich, der lange Jahre hindurch wegen meiner Wahl verhöhnt wurde – schließlich den Anstoß zu dieser Mode gegeben habe, ist außer Zweifel.[7]

Das Stichwort „Mode" führt zu einem anderen Aspekt des Jahres 1905. Es war das Zentennium der Erstausgabe von Arnim und Brentanos Anthologie. Aus diesem Anlaß veranstaltete die Pädagogin Eugenie Schwarzwald am 29. Jänner, parallel zum ersten Liederabend Mahlers, einen „Wunderhorn"-Abend.

Eugenie (Genia) Schwarzwald, geb. 1872 in Polupanowka (Ukraine), promovierte 1900 in Zürich über „Metapher und Gleichnis bei Berthold von Regensburg", einem Franziskanerprediger des 13. Jahrhunderts. 1901 gründete sie in Wien ein Mädchen-Lyceum, dann eine Koedukationsvolksschule. Beide Einrichtungen wurden vom k.k. Cultusministerium nicht vor 1905 genehmigt. Sie hielt Vorträge an Volkshochschulen, später leitete sie ein Gymnasium, an dem Oskar Kokoschka Kunst unterrichtete, Adolf Loos 1916 eine Vortragsreihe und Schönberg 1917 ein Kompositionsseminar abhielten. Eugenie

Schwarzwald ist während einer Vortragsreise 1938 nach Zürich emigriert, wo sie 1940 starb.

Über ihren „Wunderhorn"-Abend am 29.1.1905 lesen wir am darauffolgenden Tag:

> Wie entstand und was bedeutet des „Knaben Wunderhorn"? Mit diesem Thema eröffnete Frau Dr. phil. Eugenie Schwarzwald den Literarischen Abend, der gestern im Bösendorfer-Saale stattfand. Die Vortragende wies zunächst darauf hin, daß gerade jetzt hundert Jahre verstrichen sind, seitdem die berühmte Volksliedersammlung in die Welt hinausflatterte. Es waren zwei junge, schönheitsdurstige, romantische Dichter ..., die diesen Schatz der Volkspoesie hoben. Die Philologie mag wohl manche, nicht ganz unberechtigte Einwände gegen diese Sammlung vorbringen. Aber was verschlägt das, wenn man sich vergegenwärtigt, welch Born duftiger, unverwelklicher Poesie in diesem Buche rauscht ... der fesselnde Vortrag fand lebhaften Beifall. Herr Gregori trug sodann mit vollendeter Kunst eine Anzahl Volkslieder vor. Er bot Stichproben aus allen Gattungen: Ernstes, Heiteres, Kindliches und Schnurriges. Der deklamatorischen folgte eine musikalische Interpretation des „Wunderhorns", die dem Publikum einen auserlesenen künstlerischen Genuß bereitete. Frau Gutheil-Schoder sang mehrere, darunter zwei von Gustav Mahler vertonte Volkslieder so schlicht, so innig und das letzte Lied „Weinsüppchen" [KL 75b, ein Kinderlied, das übrigens aus Brentanos frühem Roman Godwi stammt] mit so köstlichem Humor, daß ihr die Zuhörer geradezu stürmische Ovationen darbrachten.[8]

Marie Gutheil-Schoder sang dann am 3. Februar, in Mahlers „Wiederholung" des Liederabends (die eben deshalb keine war) „Verlorne Müh'", „Lob des hohen Verstands" und „Wer hat dies Liedel erdacht?".

"Bild – Symbol – Klang"

Daß zweimal ein Programm gedruckt wurde, beweist, daß die Besetzungsunterschiede geplant und nicht etwa durch eine kurzfristige Absage der Sängerin bedingt waren. Also wird Mahler auch über ihre Mitwirkung bei der Schwarzwald-Veranstaltung und somit über diese selbst Bescheid gewußt haben.

Nach diesem 2. „Liederabend mit Orchester" hat Mahler versucht, sein Verhältnis zur „Wunderhorn"-Poesie für sich und seine Anhänger zu beschreiben und einzustufen. In Anton Weberns Tagebuch kann man einen Bericht über diese Nachfeier finden, in dem es u.a. heißt:

> Anfangs sprach man über Lyrik. Mahler sagte: „Nach Des Knaben Wunderhorn konnte ich nur mehr Rückert machen. Das ist Lyrik aus erster Hand, alles andere ist Lyrik aus zweiter Hand." Er erwähnte auch, daß er nicht alles in den Wunderhorn-Liedern verstehe.[9]

Was kann aber „Lyrik aus erster Hand" meinen? Ich sehe hierin einen Hinweis, daß sich Mahler mit seiner poetischen Wahl oder Eigenproduktion von jener Lyrik absetzen wollte, die ihm eine höhere Stufe künstlerischer Ausarbeitung zu zeigen schien (etwa Mörike oder Eichendorff) oder die sich selbst bereits ironisch reflektierte (wie Heine). Was er suchte und im Wunderhorn fand, waren Texte, an denen man „nichts verderben konnte", die ihm kein Korsett für seine eigene Kreativität auferlegten. Dabei ist die Unterscheidung „echt" oder „unecht" hinsichtlich der Bearbeitung durch die Herausgeber weniger relevant, da diese sich selbst, wenn auch Arnim in anderem Maße als Brentano, als Verwalter und Bewahrer von Allgemeinbesitz deklarierten. (Ein ähnlicher Fall kehrt später mit Bethges Texten wieder, die Mahler ebenfalls weitgehend bearbeitet hat, ohne daß sich der Autor im Geringsten beleidigt fühlte.) Mahler hat seine Haltung einmal auch so ausgedrückt: *„Das seien keine vollendeten Gedichte, sondern Felsblöcke, aus denen jeder das Seine formen dürfe."* Dieser Satz stammt aus dem Tagebuch der Ida Dehmel vom 22. März 1905, als sie über einen Besuch Mahlers im Hause Dehmel berichtet, und ist wiedergegeben in Alma Mahlers Erinnerungen[10], also nur cum grano salis wörtlich zu nehmen.

„Bild – Symbol – Klang"

Teil 3: Mahlers Wahl und Verwendung der romantischen Bildersprache

Einige „Felsblöcke", die der Künstler aus der Sammlung für sich bearbeitet hat, sollen nun stellvertretend angeführt werden. Dabei zeigt sich, daß Mahlers Umgang mit den romantischen Requisiten zuweilen in sich recht kontroversiell ausfallen kann, was deren Symbolcharakter betrifft.

Die romantische Bildersprache hat bekanntlich alte Wurzeln, die weit über den deutschen Sprachraum hinausgehen und bis in archaische Volksliedüberlieferung zurückreichen. Neu ist die Bedeutung, die diese Bildersprache in der deutschen Romantik bewußt erlangt hat.

Ich greife im folgenden zwei Bereiche heraus, in denen die Bilder bei Mahler einander überschneiden und durchdringen: LEBENSSYMBOLE / TODESSYMBOLE sowie GLAUBENSSYMBOLE.

Ein beliebtes Requisit in der Liebeslyrik und der Naturpoesie, die NACHTIGALL, hat in Mahlers Vertonungen die unterschiedlichsten Funktionen:

In der Fabel „Ablösung im Sommer", in der der Satz „Kuckuck ist tot!" melodisch trotz der Molleinfärbung nahezu bejubelt wird, steht Frau Nachtigall für Jugend, Lebensbejahung, Optimismus. Das „mit Humor" überschriebene Klavierlied ist bekanntlich als Material in das Scherzo der *Dritten Symphonie* eingegangen, wo sich seine lineare Dimension gewaltig erweitert. In der Parabel „Lob des hohen Verstands" versinnbildlicht die Nachtigall die hohe Kunst, die junge „neue" Musik, die unverstanden bleibt („Du machst mirs kraus"); ihre Musik unterscheidet sich jedoch eigentlich nur für Eselsohren von der des „simplen" alten Kuckucks. In der (vorgeblichen) Idylle „Ich ging mit Lust" fungiert die Nachtigall zunächst im Stimmungsbild mit anderen Waldvögeln, dann als Liebesbotin, schließlich als Sprecherin in der Schlußstrophe, die Mahler (anstelle der groben Textvorlage) selbst gedichtet hat: „Du schlafselig Mägdelein, nimm dich in Acht! Wo ist dein Herzliebster geblieben?", musikalisch mit ganz subtilen Mitteln von den vorhergehenden Strophen unterschieden.

In „Wo die schönen Trompeten blasen" führt Mahler die Nachtigall in den Text selbst ein: „Von ferne sang die Nachtigall" ist die einzige eigene Hinzudichtung in seinem Montagetext aus zwei unterschiedlichen Wunderhorn-Vorlagen. Die Nachtigall ist hier die Liebesbotin, die dem Mädchen den sicheren Tod des Geliebten kündet, schon bevor dieser seine paradoxen Trostworte spricht.

Ein zweites romantische Element, das Mahler geradezu mit Besessenheit in seine Textwahl einbindet, ist die FARBSYMBOLIK. Prominentestes Beispiel ist die Lebensfarbe Grün, auf die man in auffallend vielen Liedern stößt. Vom „Maitanz im Grünen" über „Grüne Haide", „Grüne Weide", „Grüner Hag" in „Waldmärchen", „Ablösung im Sommer" und „Wer hat dies Liedlein erdacht?!", dem „grünen Wald" in „Ich ging mit Lust" bis hin zum „grünem Klee" in „der Schildwache Nachtlied" und dem „grün' Plätzelein" in „Lied des Verfolgten" ist wiederum *ein* Lied besonders von der – eben auch kontroversen – Farbsymbolik geprägt: das schon genannte „Wo die schönen Trompeten blasen". Hier erhalten alle Farben ihre eigentliche symbolische Bedeutung und zugleich deren Gegenteil: die Morgenröth, Symbol aufblühenden Lebens, deutet auf die Farbe des Todes hin, die „hellen Stern" strahlen, spiegeln sich aber in der „schneeweißen Hand" der Unschuld zugleich als Todesblässe. Und die Farbe Grün markiert im Schlußteil einen Dreierschritt: „o Lieb auf grüner Erden – ich zieh' in' Krieg auf grüne Haid' – dort ist mein Haus von grünem Rasen": die wachsende Gewißheit des Todes, ausgedrückt im Beharren auf der Farbe des Lebens.

„Bild – Symbol – Klang"

Ich komme nun zur GLAUBENSSYMBOLIK in „Urlicht", bei dessen offensichtlichen, aber vor allem versteckten Bildern ich für den Rest dieser Ausführungen verweilen möchte.

„O Röschen roth!" ist die Formel für das Leiden Christi („Es ist ein Ros entsprungen"), symbolisiert aber auch die „Himmelsrose" Maria. Überlieferte Varianten des Gedichts beginnen: „O Jesu, Jesu rosenrot" bzw. „Maria, Maria rosenrot! / wie liegt ein Mensch in großer Not" etc.

Das Gedicht ist im Wunderhorn mit „mündlich" bezeichnet; es war von Wilhelm Grimm eingesandt unter dem Titel „Todesgebät", also ein Sterbelied bzw. Totensegen. Der Titel „Urlicht" stammt von Brentano, bezogen auf die Lichtsymbolik der Schlußverse, die als Element der neuplatonisch-gnostischen Emanationslehre identifiziert worden sind (Rölleke).

Die Lesart „je lieber möcht ich im Himmel sein" in der Wunderhorn-Anthologie ist übrigens fraglich, die Stelle lautet in anderen Überlieferungen „ja, lieber", was mir durchaus nachvollziehbar erscheint. Das kurze Gedicht ist geprägt von unregelmäßigem Versmaß, die Zeilenlängen sind progressiv von 2 bis zu 5 Hebungen.

Das Klavierlied Mahlers, zu dem das Manuskript leider nicht erhalten ist, ist 1892 oder 93 offenbar noch ohne Hinblick auf die Symphonie entstanden. Die erste erhaltene Druckfassung von „Urlicht" ist jedoch bereits der Klavierauszug des Symphoniesatzes. Er wurde in zwei Fassungen publiziert, einmal im Verband mit der Symphonie für 2 Klaviere zu 4 Händen, sowie einzeln mit zweihändiger Klavierbegleitung. Der Klavierauszug war auch die erste Veröffentlichung der *Zweiten Symphonie*, noch vor der Partitur. Hermann Behn, ein wohlhabender Hamburger Jurist mit musikalischer Ausbildung, der auch andere Arrangements und Klavierauszüge herstellte, unter anderem von Bruckners *Siebenter Symphonie*, ließ seinen Auszug der *Zweiten* auf eigene Kosten drucken und war wahrscheinlich auch an der Finanzierung der Partitur beteiligt. Mahlers Brief an Behn während dessen Arbeit am Klavierauszug (Oktober 1895) nimmt auf die Klavierliedfassung Bezug und läßt den Schluß zu, daß Behn Mahlers eigenes Manuskript in Händen hatte:

> Bezüglich des Separatdrucks bitte ich Dich, in Erwägung zu ziehen, daß mein „Clavierauszug" eigentlich die ursprüngliche Abfassung der Composition [ist], noch, ehe ich wußte, daß ich es instrumentiren und in die Symphonie einfügen werde.[11]

In diesem seinem Manuskript muß Mahler eine Textunterlegung unter den Choral (T. 3–13) geschrieben haben, die Behn übernommen hat. Sie steht in Klammern, war also nie zum Singen, sondern als Assoziation oder versteckter Hinweis, vielleicht nur für Mahler selbst, gemeint. In Behns Einzelausgabe von „Urlicht" ist sie jedoch zunächst gedruckt.

Sie lautet:

> (Stern und Blume! Geist und Kleid!)
> (Lieb und Leid! Zeit! Ewigkeit!)

Die Abbildung zeigt den Erstdruck des Klavierauszugs, wie er 1896 durch Hofmeister in Leipzig veröffentlicht wurde, vor Übernahme der Symphonie durch Weinberger in Wien. Er wurde mir dankenswerterweise von den Wiener Philharmonikern aus ihrem Aufführungsmaterial zur Verfügung gestellt, die die 2. Symphonie übrigens bis heute aus ihrem Stimmenmaterial von 1899 spielen. In einem weiteren Exemplar dieses Erstdrucks, das Anna von Mildenburg den Wiener Philharmonikern geschenkt hat, findet sich auf der Titelseite ein von Mahler mit Tinte geschriebenes eigenes Gedicht, in dem er die Widmung an die Sängerin mit der Symbolik von Stern und ewigem Licht verbindet:

„Bild – Symbol – Klang"

Verloren irrt' ich einst auf dunkeln Wegen,
mir leuchtete kein Stern – mir blieb kein Hoffen.
Ein Strahl des ewigen Lichts hat mich getroffen,
Nun wandl' ich ihm in sel'ge Fern' entgegen.
Hamburg 26. Mai 1896. G.M.

Die dem Choral unterlegten gedruckten Verse sind in diesem Exemplar mit Bleistift gestrichen. Mit demselben Stift sind in der Singstimme Atemzeichen eingetragen. Beides stammt offenbar von der Hand Anna von Mildenburgs, die das Lied also möglicherweise in der Klavierfassung einstudiert hat.

In der späteren Weinberger-Ausgabe sind die Textzeilen entfernt, im Auszug für 2 Klaviere waren sie nie enthalten. Woher aber kommen die Verse? In der Wunderhornsammlung hat Mahler sie nicht finden können, und zwar obwohl – oder weil – sie gänzlich aus Brentanos Feder stammen. Clemens Brentanos romantisches Kunst-/Volksmärchen „Gockel, Hinkel und Gackeleia" ist heute in zwei Fassungen verbreitet, wobei die vollständige, reich illustrierte spätere Langfassung von Brentano 1838 zum Druck gegeben wurde, die frühere, sehr viel kürzere Urfassung „Gockel und Hinkel" hingegen erst nach Brentanos Tod veröffentlicht wurde.

Der Kern des Märchens „Gockel, Hinkel und Gackeleia" ist ein zauberkräftiger „Ring Salomons", der seinem Besitzer alle Wünsche, unabhängig von deren guten oder schlechten Folgen, erfüllt. Um dieses alte Motiv des „richtigen Wünschens" schart sich ein diffuses Personal von verarmten Adligen aus dem edlen Geschlecht von Hennegau (alle Namen sind irgendwie mit Hühnern verbunden, das geht bis hin zu witzig-ironischen Wortschöpfungen wie Eilegia und Eifraßius), die einstmals durch große Wohltätigkeit in die Geschichte eingegangen waren. Aus dem Kropf des „Urgockels" „Alektryo" stammt der genannte Ring, und dahin kehrt er am Schluß des Märchens auch wieder zurück. Die gedruckte Fassung von 1838 mit dem für die Romantik charakteristischen Untertitel „ein Mährchen, wiedererzählt von C.B." erweitert den Kern der Erzählung von Gockel und Hinkel, deren spiel- und puppensüchtige Tochter Gackeleia die Handlungsträgerin im Märchen ist, um eine vorangestellte, sehr ironische „Herzliche Zueignung" (an Marianne Willemer) und einen angehängten dritten Teil „Blätter aus dem Tage-

„Bild – Symbol – Klang"

buch der Ahnfrau" (angeregt durch den Tod einer stigmatisierten Nonne, die Brentano sehr bewunderte), sowie um zahlreiche zusätzliche Gedichte. Unter den Gedichten, die von Tod, Begräbnis und Ahnenverehrung handeln, oder die den jeweiligen Hauptteil beschließen, findet man im Verlauf des (in der Erstausgabe immerhin 346 Seiten umfassenden) Märchens samt Anhang insgesamt *vierzehn Mal* leitmotivisch die Verse, die Mahler etwas verändert (davon später) zitiert.

Portrait von Clemens Brentano mit den Versen in der Handschrift des Dichters (Frontispiz aus einer Werkausgabe in vier Bänden, Leipzig o.J.)

In zwei im Märchen enthaltenen Gedichten, die später auch unabhängig abgedruckt worden sind, fungieren die genannten Zeilen außerdem als mehr oder weniger enigmatisches Motto. Die beiden Gedichte („Erntelied" und das Schlußgedicht „Was reif in diesen Zeilen steht") seien hier zumindest in Auszügen wiedergeben.

Erntelied

Es ist ein Schnitter, der heißt Tod,
Er mäht das Korn, wenn's Gott gebot;
Schon wetzt er die Sense,
Daß schneidend sie glänze,
Bald wird er dich schneiden,
Du mußt es nur leiden;
Mußt in den Erntekranz hinein,
Hüte dich schöns Blümelein!

Was heut noch frisch und blühend steht
Wird morgen schon hinweggemäht,
Ihr edlen Narzissen,
Ihr süßen Melissen,
Ihr sehnenden Winden,
Ihr Leid-Hyazinthen,
Müßt in den Erntekranz hinein,
Hüte dich schöns Blümelein!

[…] (9 Strophen)

O heimlich Weh halt dich bereit!
Bald nimmt man dir dein Trostgeschmeid,
Das duftende Sehnen
Der Kelche voll Tränen,
Das hoffende Ranken

Der kranken Gedanken
Muß in den Erntekranz hinein,
Hüte dich schöns Blümelein!

Ihr Bienlein ziehet aus dem Feld,
Man bricht euch ab das Honigzelt,
Die Bronnen der Wonnen,
Die Augen, die Sonnen,
Der Erdsterne Wunder,
Sie sinken jetzt unter,
All in den Erntekranz hinein,
Hüte dich schöns Blümelein!

O Stern und Blume, Geist und Kleid,
Lieb, Leid und Zeit und Ewigkeit!
Den Kranz helft mir winden,
Die Garbe helft binden,
Kein Blümlein darf fehlen,
Jed' Körnlein wird zählen
Der Herr auf seiner Tenne rein,
Hüte dich schöns Blümelein!

[Ohne Titel]

Was reif in diesen Zeilen steht,
Was lächelnd winkt und sinnend fleht,
Das soll kein Kind betrüben,
Die Einfalt hat es ausgesäet,
Die Schwermut hat hindurchgeweht,
Die Sehnsucht hat's getrieben;
Und ist das Feld einst abgemäht,
Die Armut durch die Stoppeln geht,
Sucht Ähren, die geblieben,

> Sucht Lieb', die für sie untergeht,
> Sucht Lieb', die mit ihr aufersteht,
> Sucht Lieb', die sie kann lieben,
> Und hat sie einsam und verschmäht
> Die Nacht durch dankend in Gebet
> Die Körner ausgerieben,
> Liest sie, als früh der Hahn gekräht,
> Was Lieb' erhielt, was Leid verweht,
> Ans Feldkreuz angeschrieben,
> O Stern und Blume, Geist und Kleid,
> Lieb', Leid und Zeit und Ewigkeit!

Der inhaltliche Zusammenhang dieser Gedichte mit „Urlicht" ist augenfällig: ein Sterbelied, ein Motto im Märchen bei Begräbnissen und Totengedenken. Sogar einen Bezug zum 5. Satz der Symphonie, der bei der Konzeption des Klavierliedes noch gar nicht dagewesen sein kann, könnte man in beiden Gedichten erkennen: das Bild vom Schnitter, der die Ähren bindet.

Die 2. Strophe von Klopstocks Ode „Aufersteh'n",

> Wieder aufzublüh'n, werd' ich gesät;
> der Herr der Ernte geht
> und sammelt Garben
> uns ein, die starben. Halleluja!

hörte Mahler im Februar 1894 bei der Trauerfeier für Hans von Bülow und gewann daraus für seinen eben im Entstehen begriffenen Finalsatz der *Zweiten* die Verse für Chor:

> Wieder aufzublüh'n, wirst du gesät!
> Der Herr der Ernte geht
> Und sammelt Garben
> Uns ein, die starben.

„Bild – Symbol – Klang"

Daß Mahler nur die Gedichte und nicht Brentanos Märchen selbst gekannt haben könnte, läßt sich aus zwei Gründen ausschließen:

Erstens ist durch mündliche Überlieferung belegt, daß er selbst eine Ausgabe des Märchens besaß: wie Frau Dr. Blaukopf mir freundlicherweise mitteilt, hat Mahlers Tochter Anna davon gesprochen, daß ihr das Märchen von ihrem Vater vorgelesen worden sei. Zweitens führt ein Vergleich der Verse in ihrer Metrik von Mahlers Version von den Gedichten ins Märchen zurück, wie wir noch sehen werden.

Welches sind nun die Bilder in den Schlüsselwörtern dieser Verse, und welches ihre Symbole?

Dazu sei auf die entsprechende Illustration aus Brentanos erster Ausgabe (die Kupferstiche sind in Absprache mit dem Autor entstanden) verwiesen. Der Stil dieses Stichs erinnert an Philipp Otto Runge (1777–1810), mit dem Brentano bis zu dessen Tod 1810 verehrenden Kontakt gepflegt hatte. Die visuelle frühromantische Bildsprache, Runges Motive wie Blume und Kind und seine Vorstellung vom verlorenen Paradies der Kindheit haben auch Brentanos sprachliches Denken nachhaltig geprägt.

Der Text in Brentanos „Tagebuch der Ahnfrau" lautet dazu:

> ... da sahen wir Seltsames. St. Eduards Thronstuhl, in dessen Sitz der Schlummerstein Jakobs bewahrt ist, stand zwischen zwei hohen Lilien vor den Aehren. Aus dem Sitze des Stuhles strahlte eine Mohnpflanze von Licht mit acht Blumen zum Nachthimmel hinauf. In der Mitte der Pflanze unter dem Monde saß die Nacht, eine liebe mütterliche Frau, und ihr zur Rechten und Linken auf den acht Mohnblumen acht Sterne, als sinnende Knaben. Es schwebte aber von dem Thronstuhle an dem Mohnstengel ein ernstes kleines Mägdlein zum Sternhimmel empor, und zwei Engel senkten Sterne in die beiden Lilien zur Seite des Throns; dazu sangen die Knaben auf den Mohnblumen oben:
>
> O Stern und Blume, Geist und Kleid,
> Lieb, Leid und Zeit und Ewigkeit!
>
> die Sense des Schnitters sauste immer näher durch die Halmen, und da ich mich niedersetzte, den Kranz aus den gesammelten Blumen zu flechten, sah ich zu meinen Füßen dicht vor dem Thronstuhl auf einem Kinderstühlchen einen Knaben schlummernd sitzen. Er hatte eine Feder hinter dem Ohre und schlief, den Kopf auf den Arm lehnend, auf dem scharfen Rande des Thronstuhls. Ich sagte zu Verena: »Was macht das Büblein?« da sprach sie, des langen Mitleides gewohnt: »es hat seine Sache vollbracht und ist dicht an der Grube vor Müdigkeit entschlafen; sieh, wie hart es da auf dem Rande liegt, ich habe Aehren lesend eine kleine feine Garbe in meinen Korb gesammelt, o lege sie ihm unter das Haupt, damit es nicht darbt, wenn der Schnitter es weckt; horch, schon naht er in den wogenden Halmen.« Ich legte ihm die Garbe in den Arm und sah o Wunder! zu seinen Füßen ruhte mein Tagebuch, und ich las gar Vieles mehr darin, als ich hineingeschrieben, z. B. diesen ganzen Traum ...

Die Symbole lassen sich stichwortartig auf folgende vier Begriffspaare zurückführen.

Stern und Blume = Himmelsblume und Erdenstern, also beides Abbilder des Diesseits und Jenseits.

Geist und Kleid: hat im Märchen einmal einen konkreten Bezug zur Geschichte der wohltätigen Ahnfrau, die Arme eingekleidet hat, die ihr Grab nun als Geister umschweben. Es sind aber auch Symbole für Psyche und Physis, den Gedanken und die Tat.

Lieb und Leid: Formel und Begriffspaar jeder Poesie, aber vor allem der Romantik.

Zeit und Ewigkeit: Endliches und Unendliches, Vergängliches und Ewiges.

Hier scheint sich der „im Wunderhorn-Ton" dichtende Mahler selbst zu spiegeln, man denke an die Textworte, mit denen er seinen Zyklus *Lieder eines fahrenden Gesellen* in der Komposition im vierten Lied zum Abschluß bringt (die hier abgebildete erste Niederschrift des eigenen Gedichts war noch mit „I." überschrieben):

> Lieb! und Leid!
> und Welt, und Traum!

Wie schon erwähnt, zitiert Mahler die Brentano-Verse in Abwandlung des Metrums, was von Bedeutung ist. Ein Vergleich der Metren läßt sich folgendermaßen darstellen:

1. Version, wie sie 14x im dreiteiligen Ganzen des Märchens vorkommt:

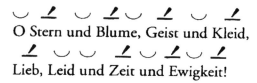

Ein Jambus, vierhebig, mit vier Senkungen, gefolgt von einem daktylisch-jambischen Mischvers (sonst wäre „Lieb" auf einer Senkung).

2. Version, die an nur *einer* Stelle im (mehrseitigen) Schlußgedicht des Mittelteils auftritt, das durchgehend folgendes Versmaß aufweist:

Stern und Blume, Geist und Kleid,
Lieb, Leid, Zeit und Ewigkeit.

Jeweils Trochäus, vierhebig, mit drei Senkungen, dabei kommt „Leid" auf eine Senkung.

3. Mahlers Version in der silbengenauen Unterlegung unter den Choral Trochäus, vierhebig, mit drei Senkungen. Gälte dies auch für die 2. Zeile,

so wäre – eben ohne Unterlegung unter den Choral – hier „Zeit" auf einer Senkung. Die musikalisch bedingte Dehnung im 2. Vers: „Leid / Zeit – E(wig)" bewirkt jedoch drei Hebungen hintereinander, gefolgt von der auftaktigen „Schlußformel" – wig-keit.

Der Choral selbst könnte eigentlich in seiner gedachten „Gerüstform" achttaktig sein, ist aber auf elf Takte gedehnt;

Mahlers Chormelodie T. 3-13

Dies hat, mit all den Taktwechseln, die das Lied charakterisieren, sicherlich mit der Herkunft des Chorals (es heißt ja „choralmäßig") aus dem Gemeindegesang zu tun, daher die verlängerten Endsilben und Versenden.

Die Funktion des Chorals im Lied ist klar auszumachen:

Es ist die einzige rein instrumentale Passage im Lied, wobei Melodie und Harmonik der ersten 4 Takte im Lied wiederkehren: einmal bei T. 27, (je) „lieber möcht ich im Himmel sein", und schließlich in T. 63, „ewig selig Leben", dort melodisch zur Schlußwirkung (durch den Vorhalt es) umgeformt. (Die Deklamation ist dabei jedesmal „sinnwidrig", also wiederum auf diese Eigenart im Gemeindegesang anspielend.)

Erstes Choralzitat T. 27-30

Zweites Choralzitat T. 63-65

Mahlers Instrumentation, also der „Klang" zum „Symbol", ist äußerst charakeristisch: durchgehend gedämpfte pp-Streicher mit Ausnahme des Violinsolos, der ebenfalls pp vorzutragende reine Bläserchoral, dann Harfe und Glöckchen (das Totenglöckchen). Innerhalb der *Wunderhorn*-Lieder begegnen wir der Harfe nur noch in den Mädchen-(„Traum"-)Episoden in „Der Schildwache Nachtlied" und im Schlußteil von „Das Himmlische Leben".

Eine indirekte Definition von „Urlicht" gibt uns Mahler sozusagen mit dem Gegenteil, wenn er über das Scherzo seiner Fünften sagt:

> „Romantisches und Mystisches kommt nicht vor, nur der Ausdruck unerhörtester Kraft ..." „keine Harfe kein Englischhorn. Die menschliche Stimme würde hier absolut nicht Raum finden". [12]

Und seine Anforderungen an die Sängerin im „Urlicht", die ihm bei der Aufführung der *Zweiten Symphonie* in München 1900 nicht sehr entsprochen hat, drückt er so aus:

> Dazu brauche ich die Stimme und den schlichten Ausdruck eines Kindes, wie ich mir ja, vom Schlag des Glöckleins an, die Seele im Himmel denke, wo sie im ‚Puppenstand' als Kind wieder anbeginnen muß. [13]

So trägt Mahler die Bilderwelt und Glaubenssymbolik des gesungenen Textes und der später unterdrückten magischen Schlüsselworte des Chorals gedanklich bis in seine aufführungspraktischen Klangvorstellungen hinein.

> Schläft ein Lied in allen Dingen,
> Die da träumen fort und fort,
> Und die Welt hebt an zu singen,
> Triffst du nur das Zauberwort.
> (Eichendorff)

Anmerkungen:

1) Des Knaben Wunderhorn. Alte deutsche Lieder gesammelt von L. A. v. Arnim und Clemens Brentano, hg. Heinz Rölleke, Stuttgart 1975–1978, in: Clemens Brentano, *Sämtliche Werke und Briefe*, Historisch-kritische Ausgabe veranstaltet vom Freien Deutschen Hochstift, Hg. J. Behrens, W. Frühwald, D. Lüders, Bd. 6, 7, 8, 9/1 (alle 1975), 9/2 (1977), 9/3, (1978). Hier Bd. 6, S. 430.
2) A.a.O., S. 441.
3) Heinz Rölleke, Gustav Mahlers „Wunderhorn"-Lieder. Textgrundlage und Textauswahl, in: *Jahrbuch des Freien Deutschen Hochstifts Frankfurt*, Tübingen 1981, S. 370–378, hier S. 371 bzw. 374.
4) Gustav Mahler, Fünfzehn Lieder, Humoresken und Balladen aus *Des Knaben Wunderhorn* für Singstimme und Klavier (= Gustav Mahler. Sämtliche Werke. Kritische Gesamtausgabe. Hg. Internationale Gustav Mahler Gesellschaft, Wien. Bd. XIII/2b) Universal Edition UE 19950, Wien 1993.Gustav Mahler, *Des Knaben Wunderhorn*. Gesänge für eine Singstimme mit Orchesterbegleitung (= Gustav Mahler. Sämtliche Werke. Kritische Gesamtausgabe. Hg. Internationale Gustav Mahler Gesellschaft, Wien. Bd. XIV/2) Universal Edition UE 19 951, Wien 1998.
5) Brieforiginal im Nachlaß Anna Bahr-Mildenburg, ÖNB-Theatersammlung, Sign. *A 29091*.
6) Signale für die musikalische Welt, Februar 1905, S. 282–285.
7) Gustav Mahler Briefe. Neuausgabe erweitert und revidiert von Herta Blaukopf, Wien/Hamburg 1982, S. 299 (Brief Nr. 341).
8) Neues Wiener Tagblatt, 30. Jänner 1905.
9) Friedrich Wildgans, Gustav Mahler und Anton Webern, ÖMZ 15, Nr. 6 (1960), S. 304.
10) Alma Mahler-Werfel, Erinnerungen an Gustav Mahler. Frankfurt/Berlin 1971, S. 121.
11) Gustav Mahler Unbekannte Briefe, herausgegeben von Herta Blaukopf. Wien/Hamburg 1983, S. 24f.
12) Gustav Mahler in den Erinnerungen von Natalie Bauer-Lechner, Hg. Herbert Killian, mit Anmerkungen und Erklärungen von Knud Martner, Hamburg 1984, S. 193.
13) A.a.O., S. 168.

Spuren in die Vergangenheit
Gustav Mahler und die Tradition der musikalischen Rhetorik

Reinhold Kubik

Gustav Mahler gilt allgemein und zu Recht als einer der Wegbereiter der Neuen Musik, als ein „Zeitgenosse der Zukunft" (wie ihn Kurt Blaukopf einmal genannt hat), als einer, der ein Tor geöffnet hat für Entwicklungen, die die Komponisten der Zweiten Wiener Schule dann erfüllt haben. Gustav Mahler hat aber auch starke Wurzeln in der Tradition und bewahrt so allerlei, was zu seiner Zeit bereits vergessen war oder gerade in Vergessenheit geriet. Schließlich war er ebenso ein Zeitgenosse jener kunsthistorischen Strömung, die wir als „Historismus" bezeichnen, und die gerade in Wien – als „Ringstraßenstil" – bedeutende Baudenkmäler hinterlassen hat, die ganz modern waren, als der Fünfzehnjährige zum Studium in die Hauptstadt kam. Im musikalischen Zusammenhang mit Historismus erinnere ich nur an Mahlers Verwendung von ventillosen Waldhörnern im „Klagenden Lied" oder an die Skordatur der Solovioline im Scherzo der „Vierten Symphonie", Instrumente und Spielweisen, die zu Mahlers Zeit bereits seit langem ungebräuchlich waren. Schließlich sei auch noch auf das Interesse an Bach hingewiesen, dessen Werke Mahler aufführte und bearbeitete.

In der Vokalmusik wurde ab dem 15. Jahrhundert und vor allem nach dem Auftreten des Humanismus ein System angewendet, das wir heute unter dem Begriff der „musikalischen Rhetorik" kennen. Die Musik wurde dabei mit einer Rede verglichen, und so, wie ein Redner eine Rede erarbeitet und mit kunstreichen Wendungen – „Figuren" – ausstattet, konnte und sollte auch ein Komponist verfahren. Im übrigen wurden diese Prinzipien nach 1600 – als sich die Instrumentalmusik zu emanzipieren begann – auch auf dieselbe angewendet.

Der Begriff „figura" wurde in der lateinisch sprechenden Welt im Sinne eines plastischen Gebildes verstanden; abgeleitet von „fingere" (gestalten), findet er sich bereits bei Cicero als Terminus der Rhetorik und erhält seine bis heute gültige Bedeutung als „ornamentum" (Schmuck) der Rede dann im 1. nachchristlichen Jahrhundert bei Marcus Fabius Quintilianus. Im 6. Jahrhundert wird die Rhetorik als eine der „septem artes liberales" in den monastischen Schulen eingeführt und gewinnt mit dem Aufblühen des Humanismus ihren festen Platz in den Lateinschulen. Die Musiker waren fast alle durch solche Schulen gegangen bzw. unterrichteten an ihnen; sie waren daher von Kindheit an mit den rhetorischen Figuren vertraut. Die meisten Theoretiker des 16. Jahrhunderts verwendeten bereits Termini, welche der Rhetorik entstammen, bis schließlich Joachim Burmeister (1564-1639) als erster ein systematisches Lehrbuch der musikalischen Figurenlehre schrieb: „Musica poetica", gedruckt in Rostock 1606. Danach gibt es eine Reihe von theoretischen Abhandlungen, deren Autoren heute entweder weitgehend unbekannt sind (wie Johannes Nucius oder Joachim Thuringus) oder aber aufgrund ihrer musik- oder kulturgeschichtlichen Bedeutung herausragen: Der Jesuit Athanasius Kircher („Musurgia universalis", Rom 1650), Christoph Bernhard (der die Kompositionslehre seines Lehrers Heinrich Schütz überliefert hat), Johann Gottfried Walther (der Verfasser eines überaus wichtigen Musikalischen Lexikons, Leipzig 1732) und Johann Mattheson (der in mehreren Schriften zur musikalischen Rhetorik Stellung nahm). Die letzten Theoretiker, die sich mit diesem Gebiet befassen, sind Johann Adolf Scheibe (in enger Zusammenarbeit mit Gottsched) und Johann Nikolaus Forkel (1747-1818, Verfasser der 1802 erschienenen ersten Biographie Johann Sebastian Bachs).

Mit diesen Theoretikern starb jedoch keineswegs das Prinzip: Musikalisch-rhetorische Figuren lassen sich in den Werken späterer Komponisten in Hülle und Fülle nachweisen, ob es sich dabei um Balladen von Schubert, Musikdramen von Wagner oder Lieder von Richard Strauss handelt.

Das 1985 erstmals gedruckten „Handbuch der musikalischen Figurenlehre" von Dietrich Bartel enthält die Namen rund 200 rhetorischer Figuren.

*

Zum Eintritt in die Gedankenwelt der musikalischen Rhetorik hier nun ein sehr barockes Beispiel einer solchen Figur. Sie heißt „Chiasmus" nach dem griechischen Buchstaben „Chi", der nicht nur am Beginn des Namens „Christos" steht, sondern darüber hinaus Kreuzesform hat. Deshalb erfand man z.B. für die Vertonung des Textes „Crucifixus etiam pro nobis" aus dem Credo der Meßliturgie gerne Themen, bei denen eine Kreuzform entsteht, wenn man mit Linien die erste mit der vierten und die zweite mit der dritten Note verbindet:

Notenbeispiel 1: Jan Dismas Zelenka (1679-1745),„Missa votiva" ZWV 18 (1739), Beginn des „Crucifixus":

Solche „Spielereien" werden wir bei Mahler sicherlich vergebens suchen; wohl aber lassen sich in Mahlers Liedschaffen noch Spuren dieser alten Tradition finden. Es gibt einige einschlägige Aussagen Mahlers zu seinem Vokalschaffen. Natalie Bauer-Lechner teilt die folgende Äußerung mit: „Hast du bemerkt, daß bei mir immer die Melodie vom Worte ausgeht, das sich jene gleichsam schafft, nie umgekehrt?" [...] „Und nur so ist es aus einem Gusse, ist das, was man die Identität von Ton und Wort nennen möchte, vorhanden. Das Entgegengesetzte, wo irgendwelche Worte willkürlich zu einer Melodie sich fügen müssen, ist eine konventionelle Verbindung, aber keine organische Verschmelzung beider." („Gustav Mahler in den Erinnerungen von Natalie Bauer-Lechner". Hrsg. Herbert Killian. Hamburg 1986, [im folgenden NBL], S. 46, März 1896)

Diese Anschauung soll auch der Interpret vermitteln: „Der intelligente Sänger gestaltet, bringt den Ton vom Wort aus und gibt ihm dadurch Inhalt und Seele, die sich jedem mitteilt. Der unintelligente Sänger bringt die Töne ohne Artikulation, trägt sie nur klanglich vor [...]." (NBL S. 195, September 1901) – und an anderer Stelle: „Das ideale Lied wird [...] nur vom Wort ausgehen; fast macht sich der Klang von selbst, wenn man es sinnvoll ausspricht und scharf akzentuierend deklamiert." (NBL S. 167, Herbst 1900)

Mahler hatte im Gymnasium im Lateinunterricht mit Sicherheit Begegnungen mit der klassischen Rhetorik, die wahrscheinlich nicht so tiefe Spuren hinterlassen haben wie seine lebenslange sehr bewußte Beschäftigung mit guter Literatur – seine Auseinandersetzung mit Goethe war nicht nur andauernd und gründlich, sondern vor allem von tiefem Verständnis getragen.

Daß sich Mahler die Mittel der poetischen Rhetorik angeeignet hat, wird deutlich, wenn man seine eigenen Texte unter diesem Gesichtspunkt betrachtet. Die Texte zu den „Liedern eines fahrenden Gesellen" sind voll von rhetorischen Figuren. „Wenn mein Schatz Hochzeit macht, fröhliche Hochzeit macht" – eine „Auxesis" (Quintilian: „Incrementum") – die Fortsetzung des Textes weist auf ein bewußtes System: „Geh' ich in mein Kämmerlein, dunkles Kämmerlein" – „Auxesis" in Verbindung mit einem „Asyndeton" – und weiter: „weine, wein" – eine „Epizeuxis" – „um meinen Schatz, um meinen lieben Schatz!" – noch eine die Strophe abschließende „Auxesis". Der Dichter Mahler zeigt sich als Rhetoriker par excellence (worauf übrigens auch sein exzessiver Gebrauch von exklamatorischen Interpunktionen deutet). Im folgenden werden jedoch nicht die poetisch-rhetorischen, sondern die musikalisch-rhetorischen Figuren in Mahlers Liedschaffen behandelt.

Raum-zeitliche Figuren

Katabasis (Descensus): eine von vielen Beschreibungen: „Catabasis, von katabaino, descendo, ist ein harmonischer Periodus, wodurch etwas niedriges, gering- und verächtliches vorgestellet wird. z. E. Er ist hinunter gefahren. Ich bin sehr gedemüthiget. u. d. g." (Walther 1732; die vollständigen Titel der zitierten Werke finden sich im Anhang).

Notenbeispiel 2: Jan Dismas Zelenka (1679-1745), „Missa Dei Patris" ZWV 19 (1740) aus dem Credo zum Text „Descendit de coelo" eine Anhäufung der folgenden Katabasis-Figuren:

Notenbeispiel 3: Gustav Mahler, „Lieder eines fahrenden Gesellen", Nr. 3

„Ich hab' ein glühend Messer", T. 68-74 eine dramatische Katabasis über nicht weniger als 13 absteigende Töne (von ges" bis b; kurz unterbrochen durch die eindringliche Wiederholung von „nimmer", eine Climax):

Notenbeispiel 4: Gustav Mahler, „Ablösung im Sommer" (ohne weitere Angabe handelt es sich stets um ein Lied auf einen Text aus „Des Knaben Wunderhorn"), T. 3-15, wiederholte Katabasis über jeweils vier Noten als sinnfälliger Ausdruck des „zu Tode gefallenen" Kuckucks:

Notenbeispiel 5: Gustav Mahler, „Um Mitternacht", T. 1-13, geradezu unablässig Abwärtszüge über 6-8 Töne in allen Stimmen, vielleicht als Sinnbild der Nacht; beachtenswert dagegen die Anabasis zu den Worten „hab' ich gewacht und aufgeblickt":

Anabasis (Ascensus): eine der vielen Definitionen: „Die anabasis oder ascensio ist ein musikalischer Abschnitt, durch den wir etwas Herausragendes, etwas im Aufsteigen Begriffenes oder etwas Erhabenes ausdrükken, wie z. B. Ascendens Christus." (Kircher 1650, L. VIII, S. 145)

Notenbeispiel 6: Johann Sebastian Bach (1685-1750), H-moll-Messe BWV 232,„Et resurrexit tertia die" (entstanden 1732), eine raffinierte Anabasis, die zunächst aus dem Einsatz der vier Vokalstimmen von unten nach oben (vom Baß bis zum Sopran) resultiert und schließlich in T. 19 in eine schnelle Aufwärtsskala bis zum hohen a" der Soprane mündet:

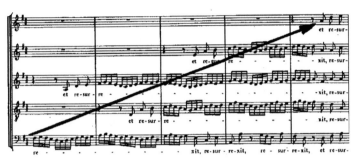

Notenbeispiel 7: Gustav Mahler, „Kindertotenlieder", Nr. 2 „Nun seh' ich wohl, warum so dunkle Flammen", T. 1-6, ähnlich wie im bereits zitierten Beispiel aus „Um Mitternacht" das Heben des Blicks begleitend, hier noch zweifach vorbereitet im Klaviervorspiel:

Anabasis und Katabasis sind spezielle Ausprägungen einer Idee, die musikalische Abläufe in Analogie zu räumlichen Vorstellungen setzt. Solche Figuren bezeichnen wir allgemein als Hypotyposis, „eine Verzierung, in der die Bedeutung des Textes so verdeutlicht wird, daß die leblosen Worte des vorhandenen Textes mit Leben versehen worden zu sein scheinen". (Burmeister 1606, S. 62; Übersetzung aus dem Lateinischen nach Bartel 1997, S. 184)

Notenbeispiel 8: Gustav Mahler, „Frühlingsmorgen", T. 9-11, musikalische Übertragungen der Raumvorstellungen von „hängen" – „aufstehen" – „liegen" in unmittelbarer Folge:

Hypobole, „eine Unterschreitung der melodia unter die unterste Grenze ihres ambitus". (Burmeister 1606, S. 64; Übersetzung aus dem Lateinischen nach Bartel 1997, S. 182)

Notenbeispiel 9: Barbara Strozzi (1619-1664), Ende des Gesanges aus „L'eraclito amoroso" „Udite, Amanti" (gedruckt 1651); bei den Worten „e sotterrimi" [ich beerdige mich, begebe mich unter die Erde] stürzt die Singstimme in einem riesigen Sprung nach unten, und zwar bedeutend unter den im Rest des langen Gesanges vorgegebenen Tonumfang (im wesentlichen e' bis e"):

Notenbeispiel 10: Gustav Mahler, „Lied des Verfolgten im Turm", T. 68, „die Stille" wird durch Hypobole dargestellt (daß sich Mahler der Problematik einer so krassen Umfangsunterschreitung für den Sänger bewußt war, sieht man daraus, daß er – sozusagen für den Notfall – eine weniger tiefe Alternative vorgesehen hat).

Notenbeispiel 11: Gustav Mahler, Kindertotenlieder, Nr. 2 „Nun seh' ich wohl, warum so dunkle Flammen", T. 18, eine auffällige Hypobole, vielleicht um die Ohnmacht der „Macht" sozusagen ex negativo sinnfällig zu machen:

Hypotyposis in bezug auf Tempo, d. h. der Versuch, verschiedene Befindlichkeiten durch unterschiedliche Geschwindigkeit anzuzeigen:

Notenbeispiel 12: Gustav Mahler, „Frühlingsmorgen", T. 22-29, wobei die „muntere" Bewegung der Takte 22-25 (Achtelnoten als Deklamationseinheit, Sechzehntelnoten in der Klavierbegleitung) in den Takten 26-29 abgelöst werden von deutlich verlangsamter Begegnung (punktierte Viertel als Deklamationseinheit und in der Begleitung) – Bild des „Langschläfers":

Kyklosis (Circulatio): noch ein Sonderfall der Hypotyposis, nämlich der Versuch, eine Kreisbewegung musikalisch auszudrücken; Ausgangspunkt ist der Circulo mezzo, der Halbkreis – ein Circulo mezzo nach oben gefolgt von einem nach unten ergibt einen Vollkreis; eine Bestätigung dieser Vorstellung ist das Entstehen der Sinuskurve. Die Kreisbewegung wird einerseits als Abbild der Vollkommenheit angesehen; andererseits kann das „sich-im-Kreis-Drehen" auch für rastlose Geschäftigkeit und in der Folge für „Vergeblichkeit des Bemühens" stehen.

Notenbeispiel 13: Franz Schubert (1797-1828): „Gretchen am Spinnrade" D 118 (1814) – Kyklosis als naheliegendes Bild für das sich drehende Spinnrad:

Notenbeispiel 14: Gustav Mahler, Lieder nach Texten von Friedrich Rückert, „Blicke mir nicht in die Lieder", kyklosis-artige Bewegung in der Klavierbegleitung als Zeichen für das rastlose künstlerische Schaffen:

Notenbeispiel 15: Gustav Mahler, „Wer hat dies Liedlein erdacht?!", zahlreiche Kyklosis-Figuren verstreut über das ganze Lied, anfangs vielleicht als Abbild einer Gebirgs-Silhouette, am Ende in langen Ketten möglicherweise als Bild der vergeblichen Bemühung, das Lied zu singen („Und wer das Liedlein nicht singen kann, dem wollen sie es pfeifen", die drei Gänse nämlich):

Figuren der Wiederholung

Climax (Gradatio, Polyptoton): „Die gradatio, auch klimax genannt, wiederholt und erläutert nämlich das, was eben gesagt wurde, bevor dann die folgende Sache besprochen wird." (Quintilian 1. Jh., IX, iii 54). In das Reich der Musik übertragen: „Man steigt gleichsam stuffenweise von schwächern Sätzen zu stärkern fort, und drückt dadurch eine immer zunehmende Leidenschaft aus." (Forkel 1788, S. 58).

Notenbeispiel 16: Jan Dismas Zelenka (1679-1745), „Missa votiva" ZWV 18 (1739), „Et exspecto resurrectionem mortuorum" aus dem Credo:

Notenbeispiel 17: Gustav Mahler, "Lieder eines fahrenden Gesellen", Nr. 2 „Ging heut' morgen über's Feld", T. 11-16, zwei dieser Figuren unmittelbar hintereinander, beide Male gesteigerte Wiederholungen:

Notenbeispiel 18: Gustav Mahler, Lieder nach Texten von Friedrich Rückert, „Ich bin der Welt abhanden gekommen", T. 51-53, wobei Mahler ausdrücklich wünscht, daß die bereits komponierte Climax-Steigerung nicht durch gesteigerte Lautstärke weiter gesteigert werden soll:

Schematoides: „ist ein Modulus, so einer Figur zwar / denen Intervallen nach / gleichet / aber doch Prolatione, oder an der Arth hervor zu bringen / von derselben unterschieden ist." (Printz 1677/1696, II, S. 69). Eine musikalische Gestalt erklingt also entweder sukzessive oder simultan in unterschiedlichen Bewegungsformen, z. B.:

Notenbeispiel 19: Mauritius Vogt, „Conclave thesauri magnae artis musicae", Prag 1719 (zit. nach Bartel 1997, S. 240), ein Zitat aus Vogts eigener „Missa ad tres choros":

Bei Mahler finden wir Schematoides äußerst häufig, auch in den Symphonien, und zwar in beiden Formen (sukzessive und simultan, wobei man im zweiten Fall auch von Heterophonie sprechen kann).

Notenbeispiel 20: Gustav Mahler, „Lieder eines fahrenden Gesellen", Nr. 1, „Wenn mein Schatz Hochzeit macht", T. 1-13, ein deutliches Beispiel von sukzessivem Schematoides:

Notenbeispiel 21: Gustav Mahler, Lieder nach Texten von Friedrich Rückert, „Ich atmet' einen linden Duft", T. 1-6, wo in der Begleitung diminuierte Figurierungen die Melodielinie gleichsam paraphrasieren:

Spuren in die Vergangenheit

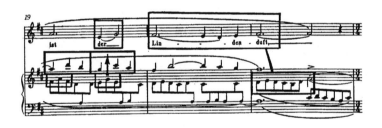

Notenbeispiel 22: Gustav Mahler, Lieder nach Texten von Friedrich Rückert, „Ich bin der Welt abhanden gekommen", T. 11-12, ein geradezu klassisches Beispiel für simultanen Schematoides:

Paronomasia: „Die Verstärkung, (Paronomasia) wenn man zwar ein Wort oder eine Redensart, die schon da gewesen, wiederholet; aber mit einem Zusatze, oder einer Änderung, die einen noch besonderen Nachdruck verursachet." (Gottsched 1751, S. 324)

Notenbeispiel 23: Gustav Mahler, „Lieder eines fahrenden Gesellen", Nr. 2, „Ging heut' morgen über's Feld", Beginn einer jeden Strophe, also T. 2-4, 30-32, 65-69 und T. 103-112; man sieht bei der letzten Strophe die „Änderung, die einen noch besonderen Nachdruck verursachet", nämlich das Ab- statt Aufsteigen des letzten Thementones, in Übereinstimmung mit dem auch durch die Interpunktion ausgedrückten Zweifel:

Expressive Figuren

Tmesis („Zerschneidung") „geschicht, wie und wann es der Text oder Affekt erfordert. v. g. in dem Wort Suspiro" (Spieß 1746), daraus das folgende *Notenbeispiel 24:*

Diese Seufzerpausen verwendet Wolfgang Amadeus Mozart (1756-1791) sehr gerne, z. B. in seinem Lied „Abendempfindung" KV 523 (1787), *Notenbeispiel 25:*

Notenbeispiel 26: Gustav Mahler, „Hans und Grete", T. 79 ff., wo das „sich verlierend" der Lautstärke trefflich mit einer Tmesis gekoppelt wird:

Pathopoeia („Leid-Darstellung") „geschieht, wenn der Text durch Halbtöne derart ausgedrückt wird, daß niemand durch den hervorgebrachten Affekt unberührt bleibt." (Burmeister 1599, Übersetzung nach Bartel 1997, S. 223).

Notenbeispiel 27: Reinhard Keiser (1674-1739), „Der hochmutige, gestürzte und wieder erhabene Croesus", Hamburg 1710, II. Akt, 8. Szene, Aria der Elmira, ein lieblicher Siciliano, in dem das Wort „Schmerz" durch Pathopoeia ausgedrückt und die Musik plötzlich ganz ernst wird:

Notenbeispiel 28: Gustav Mahler, "Lieder eines fahrenden Gesellen", Nr. 3, „Ich hab' ein glühend Messer", T. 15-16:

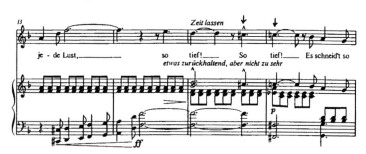

Notenbeispiel 29: Gustav Mahler, „Aus! Aus!", T. 49-52, eine Parodie (wie Mahler selbst angibt) auf Selbstmitleid:

Ein Sonderfall der Pathopoeia ist der Passus duriusculus („etwas harter Gang"); man bezeichnet damit eine chromatisch abwärts durchschrittene Quart. In der älteren Musik ist der Passus duriusculus eines der üblichen Mittel zur Darstellung der Passio Christi:

Notenbeispiel 30: Johann Sebastian Bach, H-moll-Messe BWV 232, „Crucifixus", mit einem Passus duriusculus als ostinatem Baß, der das ganze Stück über unerbittlich weiterschreitet:

Notenbeispiel 31: Gustav Mahler, „Das irdische Leben", T. 7-10, die Klage des hungernden Kindes, ein Passus duriusculus für die Passion der Ärmsten:

Mut - ter, ach Mut - ter, es hun - gert___ mich!

Notenbeispiel 32: Gustav Mahler, „Der Tamboursg'sell", T. 161-165, ein Passus duriusculus als Abschied des zum Tode Verurteilten von der Welt:

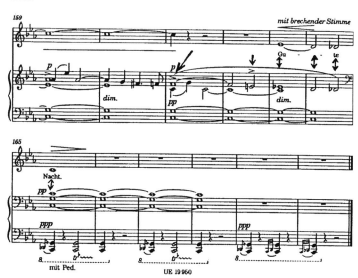

Parrhesia („Freiheit der Rede", Licentia): „wenn das mi contra fa in einer musikalischen Composition also angebracht wird, daß es keinen Übellaut verursachet." (Walther 1732)

Notenbeispiel 33: Jan Dismas Zelenka (1679-1745), „Missa Dei Patris" ZWV 19 (1740) aus dem Credo zum Text „passus et sepultus est". Die markierten Noten zeigen jene Töne an, die regelwidrige sogenannte Querstände bilden, die aber dennoch „keinen Übellaut" verursachen:

Spuren in die Vergangenheit

Notenbeispiel 34: Gustav Mahler, Lieder nach Texten von Friedrich Rückert, „Ich atmet' einen linden Duft": das a' in der Singstimme, T. 11, bildet eine Parrhesia mit dem ais' der Klavierbegleitung, T. 12:

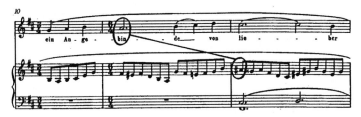

Mimetische Figuren

Die Mimesis (Homoiosis, Assimilatio) „wird ad simulare, zum Abbilden oder Darstellen benutzt" (Kircher 1650, L. VIII, S. 145). So konnten z. B. Männer Frauenstimmen nachmachen; der Klang von Instrumenten, Vogelgesang oder der Ruf bestimmter Tiere wurde imitiert.

Notenbeispiel 35: „Gehen" – Gustav Mahler, „Lieder eines fahrenden Gesellen", Nr. 2 „Ging heut' morgen über's Feld", Beginn, gleichmäßig „gehende" Viertelnoten in der Klavierbegleitung:

Notenbeispiel 37: „Glocken" – Gustav Mahler, „Das himmlische Leben", T. 176-182, wo in der Klavierbegleitung drei verschieden hoch gestimme Glocken allmählich ausschwingen, die höchste zuerst, die tiefste zuletzt:

„Trompeten": Die vokale Nachahmung verschiedener Instrumente wird hier mit Beispielen einer Trompeten-Mimesis belegt.

Notenbeispiel 38: Zuerst Henry Purcell (1659-1695), ein Ausschnitt aus „Bonvica's Song" (aus einer Schauspielmusik, komponiert 1695):

Notenbeispiel 39: Gustav Mahler, „Der Schildwache Nachtlied", T. 67-74, wo nach vorhergegangenen Trompetensignalen in der Klavierbegleitung (ab T. 65) auch die Singstimme im Duktus von Trompetenrufen geführt ist (die Trompete ist das „Königsinstrument" schlechthin):

„Unbeweglichkeit" (schlafen, ruhen, stehen) wird durch lange Noten ausgedrückt:

Notenbeispiel 40: Johann Sebastian Bach, „Weihnachtsoratorium" BWV 248 (1734), 2. Teil, Nr. 19, Aria „Schlafe, mein Liebster, genieße der Ruh":

Notenbeispiel 41: Gustav Mahler, „Der Schildwache Nachtlied", T. 41-43; zuerst ein Trompetensignal (das im Exercierreglement für die k. u. k. Fußtruppen die Bedeutung „Habt Acht!" hatte, siehe Erich Wolfgang Partsch, „Anmerkungen zu einem Signalmotiv in Mahlers ,Der Schildwache Nachtlied'", in: „Nachrichten zur Mahler-Forschung" 27 [März

1992]), also zuerst eine Trompeten-Mimesis, und nachfolgend der extrem lang ausgehaltene Ton als Mimesis für das Stillestehen des Wachsoldaten (angedeutet bereits in den Tonwiederholungen der Takte 39 und 40):

Formale, z. T. historisierende Figuren

Noema: im allgemeinen die Hervorhebung eines Gedankens durch eine Häufung reiner „consonatiae quae suavissime aures afficit" (die also die Ohren aufs Angenehmste erregt; Burmeister 1599). In der Praxis wird der Begriff Noema auf organale Strukturen angewendet, oder auf einen deutlichen Wechsel der Satzart, etwa wenn in einem sehr polyphon gearbeiteten Satz plötzlich ein homophoner Abschnitt folgt, oder wenn plötzlich alle Stimmen dasselbe singen, wie in Meßkompositionen beim Text „Et unam Sanctam Catholicam et Apostolicam Ecclesiam", um die „Einheit" der Kirche darzustellen. Mahler verwendet diese und die nachfolgende Figur (Manubrium) im Zusammenhang mit der Evokation von Sakralmusik, wobei er die Gattung auf ähnlich historisierende Weise charakterisiert, wie etwa ein Architekt seiner Zeit sich für einen Kirchenbau ganz selbstverständlich des gotischen Stils bediente.

Notenbeispiel 42: Gustav Mahler, „Das himmlische Leben", T. 36-39, T. 72-75 und T. 105-112 (man beachte die Ausdrucksangabe „fromm"!): Manubrium (Paragoge, Supplementum):

Manubrium (Paragoge, Supplementum): „Am Schluß findet sich gelegentlich ein hinzugefügter Teil, in dem eine oder mehrere Stimmen [...] im Schlußton aufhören und liegen bleiben, [...] während die anderen Stimmen zwei, drei, vier oder mehr Takte lang diese Stimmen umspielen. Sie leisten nichts anderes als harmonische Variationen, die durch eine Note zustande gebracht werden können." (Burmeister 1606, S. 53, Übersetzung nach Bartel 1997, S. 212)

Notenbeispiel 43: Johann Sebastian Bach, Choralsatz „Herzlich tut mich verlangen" aus der Kantate „Komm, du süße Todesstunde" BWV 161, mit einem Manubrium auf der Schlußnote:

Notenbeispiel 44: Gustav Mahler, „Es sungen drei Engel einen süßen Gesang", T. 17-18:

Fuga: Nach der allgemein bekannten Satztechnischen Definiton – Imitation eines Themas durch mehrere Stimmen – bekommt diese Figur auch eine semantische Dimension:

„Die fuga (allerdings in anderem Sinne als die früher unter den figurae principales angeführte Figur) ist eine musikalische Periode, in der eine Fuge durch den vorhandenen Text bedingt ist, wie in jener: Fuge dilecti mi." (Janowka 1701, S. 56)

Notenbeispiel 45: Georg Friedrich Händel, „La terra è liberata" HWV 122 Nr. 7, Aria der Dafne, die auf der Flucht vor dem ihr nachstellenden Apollo ist; folgerichtig verwendet Händel hier die Figur der Fuga:

Notenbeispiel 46: Gustav Mahler, Lieder nach Texten von Friedrich Rückert, „Ich bin der Welt abhanden gekommen", T. 15-16; der Sprecher flieht „die Welt", „mit der er sonst viele Zeit verdorben" – Singstimme und Baß der Klavierbegleitung bilden eine Fuga:

Spuren in die Vergangenheit

Heterolepsis („das andere nehmen", im Sinne einer Parenthese, eines Einschubs): Eine u. a. auch von Franz Schubert häufig verwendete Figur, mit deren Hilfe verschiedene Wechsel verdeutlicht werden, etwa Wechsel des Affekts, oder eines Schauplatzes, oder innerhalb eines Dialoges der Wechsel des Sprechers, oder der Wechsel von Erzählung zu direkter Rede.

Notenbeispiel 47: Gustav Mahler, „Ich ging mit Lust durch einen grünen Wald", T. 71, wo der Wechsel in die direkte Rede durch eine Heterolepsis (unvermitteltes Eintreten in eine ganz andere Tonart) klargestellt wird (es fehlen hier die entsprechenden Interpunktionen – Doppelpunkt nach „Ring" und Anführungszeichen, doch die würde man bei einer Aufführung ohnedies nicht hören):

175

Die gezeigten Beispiele dürften zur Genüge belegen, daß die musikalische Rhetorik in Mahlers Vokalschaffen weiterwirkt. Es muß jedoch betont werden, daß die Interdependenzen zwischen Wort und Ton bei Mahler insgesamt viel komplizierter und äußerst vielschichtig sind, so daß die geschilderten Phänomene sicherlich nur einen winzigen Sektor seiner vokalen Gestaltungsmittel erfassen.

Anhang

1. Wichtige Quellen zur musikalischen Rhetorik

Marcus Fabius Quintilianus (ca. 30-ca. 96): „De institutione oratoria. 12 Libri", gegen Ende des 1. Jahrhunderts

Joachim Burmeister (1564-1639): „Hypomnematum musicae poeticae", gedruckt Rostock 1599; „Musica poetica", gedruckt Rostock 1606

Johannes Nucius (1556-1620): „Musices poeticae sive de compositione cantus", gedruckt Niesse 1613

Joachim Thuringus (16. Jh.): „Opusculum bipartitum", gedruckt Berlin 1624

Athanasius Kircher (1601-1680): „Musurgia universalis", gedruckt Rom 1650

Christoph Bernhard (1628-1692): „Tractatus compositionis augmentatus und Ausführlicher Bericht vom Gebrauche der Con- und Dissonantien", ungedruckt bis 1926

Wolfgang Caspar Printz (1641-1717): „Phrynis Mytilenaeus", gedruckt 1677/1696

Thomas Janowka (? - ?): „Clavis ad Thesaurum magnae artis musicae", gedruckt Prag 1701

Johann Gottfried Walther (1684-1748): „Praecepta der musicalischen Composition", handschriftlich Weimar 1708; „Musicalisches Lexicon", Leipzig 1732

Johann Mattheson (1681-1764): beschäftigt sich mit der musikalischen Rhetorik in vielen seiner Werke, z. B. in: „Der vollkommene Capellmeister", gedruckt Hamburg 1739

Meinrad Spieß (1683-1761): „Tractatus musicus compositorio-practicus", gedruckt Augsburg 1746

Johann Christoph Gottsched (1700-1766): „Versuch einer critischen Dichtkunst", gedruckt Leipzig 1751

Johann Adolf Scheibe (1708-1776): Wochenschrift „Critischer Musicus", erschienen in Leipzig 1731-1740, darin viele Artikel über musikalische Rhetorik

Johann Nikolaus Forkel (1749-1818): „Allgemeine Geschichte der Musik", gedruckt Göttingen 1788

2. Wichtige Literatur zur musikalischen Rhetorik

Dietrich Bartel: „Handbuch der musikalischen Figurenlehre". Regensburg 1985. 3. rev. Auflage 1997.

Peter Benary: „Die deutsche Kompositionslehre des 18. Jahrhunderts". Leipzig 1961

Joseph Müller-Blattau: „Die Kompositionslehre Heinrich Schützens in der Fassung seines Schülers Christoph Bernhard". Kassel 1963

Frederick Neumann: „Ornamentation in Baroque and Post-Baroque Music". Princeton 1978

Martin Ruhnke: „Joachim Burmeister". Kassel 1955

Arnold Schmitz: „Die Bildlichkeit in der wortgebundenen Musik Johann Sebastian Bachs". Mainz 1950

Hans-Heinrich Unger: „Die Beziehungen zwischen Musik und Rhetorik im 16.-18. Jahrhundert". Würzburg 1941

Blake Wilson/George J. Buelow/Peter A. Hoyt: Artikel „Rhetoric and Music" in: „The New Grove Dictionary of Music and Musicians" 21. 2nd Edition 2001

Alte Tonartensymbolik in Mahlers Liedschaffen?

Erich Wolfgang Partsch

> In welcher Tonart hatte sich meine Begegnung mit dem Mädchen an der Rue de Rennes abgespielt? In es-moll oder fis-moll, in C-Dur? Dummheiten eines pedantischen Musikers, könnte man meinen. Aber so ist es nicht, ich hatte unseren Dialog, die Art und den Verlauf unseres Gesprächs wie das erste Prélude von Chopin empfunden, ich hatte das Gefühl gehabt, daß C-Dur und nichts anderes die Tonart war. Eine Begegnung in C-Dur ist etwas anderes als eine Begegnung in as-moll; sie hat keine mehrdeutigen Wendungen, sie läßt keine Möglichkeiten offen, sie gehorcht keinen unbekannten Regeln. Ein Gesicht in C-Dur hat keine überraschenden Blicke und will keine Kapitel unfertig lassen. Es ist einfach da, unbezweifelbar und vollständig.[1]

Für den Protagonisten in Roberto Cotroneos Roman „Die verlorene Partitur", einen weltberühmten Konzertpianisten, ist die in der Musikgeschichte jahrhundertelang tradierte Auffassung, nach der Tonarten einen ganz bestimmten Ausdruckscharakter aufweisen, zur eigenen Lebenswirklichkeit geworden. Er empfindet biographische Episoden, Gesichter und Gemütsverfassungen in Dur- oder Molltonarten – ganz in ähnlicher Weise, wie dies immer wieder Theoretiker formulierten bzw. Komponisten in ihren Werken praktisch umsetzten.

Nach Christian Friedrich Daniel Schubart[2] (um 1800) konnte eine Tonart prinzipiell „ungefärbt", d. h. ohne Vorzeichen (C-Dur, a-Moll) oder „gefärbt" sein – mit Kreuz-Vorzeichen (mit denen er wilde, heftige Leidenschaften assoziierte) oder B-Vorzeichen (die auf ernste, tragische Inhalte verwiesen). Grundsätzlich galt für Schubart, daß sich die Intensität des Ausdrucks mit der Anzahl der Vorzeichen steigern ließe. So ordnete er beispielsweise C-Dur „ganz rein, Unschuld, Einfalt, Kindersprache" zu; D-Dur „Triumph, Halleluja, Krieg, Sieg". H-Dur war für ihn „stark gefärbt, wilde Leidenschaften, Zorn, Wuth, Raserei", g-Moll hingegen bedeutete „Tod, Mißvergnügen, Unbehaglichkeit".

Diese semantischen Zuschreibungen dürfen allerdings keinesfalls als feststehendes, in sich geschlossenes System aufgefaßt werden; ein spekulatives Moment war stets einbegriffen. In den theoretischen Schriften kommt es darüberhinaus nicht selten zu Divergenzen; so war die pastorale Tonart F-Dur für Schubart der Ausdruck für „Gefälligkeit" und „Ruhe", für Johann Mattheson fast hundert Jahre zuvor „capable die schönsten Sentiments von der Welt zu exprimieren". Überdies wurden manche Tonarten polarisierend dargestellt (also positive und negative Assoziationen zugleich repräsentierend).

Nur in relativ wenigen Fällen herrscht allgemeine Übereinstimmung über die semantischen Inhalte. So vermerkte beispielsweise Mattheson, daß e-Moll „schwerlich was lustiges beygelegt werden" könne[3] – und tatsächlich: Andere Autoren ordneten dieser Tonart ebenfalls Adjektive wie matt, fahl oder melancholisch zu. Schubart nannte hingegen zu e-Moll neben „Klage ohne Murren" auch „naive, weibliche unschuldige Liebe". In diesem Sinne warf Robert Schumann dem Theoretiker Schubart vor, „zuviel kleinlich-specialisierende Epitheten" zusammengestellt zu haben, und sprach sich für einen Mittelweg aus: „Man hat dafür und dagegen gesprochen; das Rechte liegt wie immer mitteninnen."[4]

Ziemlich offenherzig gab Justus Heinrich Ribock etwa in Hinblick auf G-Dur und (gerade auch auf das soeben zitierte) e-Moll zu, daß für ihn außer Farbassoziationen „sonst nichts weiter zu sagen" sei.[5] Dennoch spielte die Wahl der Tonart bis ans Ende der Dur-Moll-Tonalität stets eine bedeutsame Rolle im Kompositionsprozeß und stellte schon auf erster Ebene eine Interpretation des Textgehaltes dar, nämlich als Etablierung eines spezifischen tonalen Klangraumes, gewissermaßen als harmonische „Grundfarbe".

Dazu kommt wesentlich, daß die semantischen Festschreibungen ja nicht bloß durch Theoretikerlektüre, sondern in der Praxis wohl häufiger durch exemplarische Kompositionen zustande kamen. Das berühmte C-Dur, das in Joseph Haydns „Schöpfung" das Werden des Lichtes aus der Finsternis (polarisierend dazu c-Moll für die „Vorstellung des Chaos") signalisiert, gehört ebenso wie jenes C-Dur der Helle, des Triumphes gegenüber den finsteren Mächten in Carl Maria von Webers „Freischütz" einer Art Licht-Metaphorik an, die auch entschieden durch Ludwig van Beethovens „Fünfte Symphonie" („per aspera ad astra": Progression c-Moll –> C-Dur) geprägt wurde. Bei der Wahl der dunklen Tonart d-Moll wiederum existierten gewichtige Vorgaben durch die Operngeschichte: Die zentralen semantischen Felder Friedhof, Tod, Endzeit waren mit berühmten Mozart-Werken („Don Giovanni", „Requiem") oder später signifikant mit den Neunten Symphonien von Beethoven und Bruckner verbunden, denen Monumental-Transzendentes anhaftet. An einer Reihe von Literaturbeispielen läßt sich weiters zeigen, daß die Tonartenwahl häufig mit darauf abgestimmtem Tempo, Taktart und/oder Themengestus verbunden erscheint (z. B. g-Moll bei Mozart).

*

Wie kommt es eigentlich zu der eigentümlichen Auffassung einer Ausdrucksymbolik mittels Tonarten? Das komplexe Phänomen kann im folgenden nur angerissen werden. Im wesentlichen stehen hiefür zwei Aspekte im Vordergrund. Zum einen leitet sich die Charakterzuweisung von der modalen Tradition her. Die mittelalterlichen Kirchentöne („Kirchentonarten") sind durch die unterschiedliche Lage ihrer

Halbtonschritte gekennzeichnet. (Schon im antiken Griechenland hatte dies auf die – im heutigen Sinne fälschlich – als „Tonarten" bezeichneten Modi Dorisch, Lydisch und Phrygisch zugetroffen, mit denen man bestimmte ethische Wirkungen auf den Hörer verband. Der Halbton konnte innerhalb des „Tetrachords" – des Quartintervalls – am Anfang, in der Mitte oder am Schluß liegen. Nur vor diesem Hintergrund war es Platon überhaupt möglich, die Modi ethisch zu bewerten.)

Matthesons Beschreibungen von C-Dur, d-Moll etc.[6] stimmen im wesentlichen mit der im 16. Jahrhundert entstandenen Systematik C ionisch, D dorisch etc. des italienischen Musiktheoretikers Gioseffo Zarlino überein. Zarlino wies damals schon auf die unterschiedlichen Charaktere der beiden Tongeschlechter hin (Dur-Terz hell / Moll-Terz dunkel).

Zum anderen gehen wir heute in der Regel von der sogenannten „gleichschwebend-temperierten" Stimmung aus, d. h. daß innerhalb der Oktav alle Halbtonschritte gleich groß temperiert sind. Dies ist jedoch nur eine einzige Möglichkeit, die naturgegebenen Abweichungen von der akustischen Reinheit der Intervalle zu regeln; die historisch erprobten Prinzipien der pythagoreischen, mitteltönigen oder reinen Stimmung beweisen dies. In früher verwendeten Temperaturen klangen deshalb manche Intervalle vollkommen rein, andere wiederum unrein, so daß daraus „Charakterunterschiede" abgeleitet werden konnten.[7] (So geht die dem Klangempfinden der Renaissance entsprechende mitteltönige Stimmung beispielsweise von reinen großen Terzen aus.)

Zu diesen beiden genannten Hauptaspekten kommen aber noch weitere hinzu. So spielen beispielsweise in der Semantisierung von Tonarten instrumentenbauliche bzw. spieltechnische Möglichkeiten eine Rolle (etwa das „strahlende" Bläser-D-Dur bei Festlichkeiten), oder ebenso alte Notationssymboliken (die Note D = Re [ital., König] = „Königstonart" D-Dur; G = ge [griech.] = Erde, Grab, Tod; siehe z. B. dazu den ernsten Ausdrucksgehalt von g-Moll).

Im folgenden soll anhand einiger ausgewählter Beispiele der Frage nachgegangen werden, inwieweit diese alte Tradition einer Symbolik mittels Tonarten in Mahlers Liedschaffen noch bedeutsam ist. Unser Augen- und (Ohren-)merk richtet sich deshalb ausschließlich auf diesen Aspekt der Textinterpretation. Daß Mahler zweifellos kompositorisch in dieser Tradition dachte bzw. Tonarten assoziativ mit semantischen Inhalten belegte, dokumentieren vorweg mehrere Äußerungen, die Natalie Bauer-Lechner überlieferte[8]:

> Noch auffallender war das vielleicht bei einem Übergang in meiner Ersten Symphonie, der mir so viel zu schaffen gemacht. Da handelte es sich darum, nachdem die Töne aus kurzen Lichtblicken immer wieder in tiefste Verzweiflung fallen, den triumphierenden, dauernden Sieg zu erringen; und dazu mußte ich, wie sich mir nach längerem, vergeblichem Herumtappen zeigte, durch eine Modulation von einer Tonart in die des nächstfolgenden Tones gelangen (von C-Dur nach D-Dur, der Grundtonart des Stückes). Das hätte man sehr billig haben können, indem man den halben Ton dazwischen benützte und so von C zu Cis, dann zu D aufstieg. Doch da hätte jeder gewußt, daß es die nächste Stufe ist. Mein D-Akkord aber mußte klingen, als wäre er vom Himmel gefallen, als käme er aus einer anderen Welt...

> Anschließend erinnerte er [Mahler] sich, daß er seine Erste Symphonie in D-Dur geschlossen und immer geglaubt habe, sie gehe in D-Dur, während sie in Wahrheit durch das Hauptmotiv in A-Dur geht. ‚Es wäre alles anders geworden, wenn ich den Schluß dahin geführt hätte.'

> Vormittag änderte Mahler den Schluß des Adagios der Dritten, der ihm nicht schlicht genug war. ‚Es klingt nun das ganze in breiten Akkorden und nur in der einen Tonart D-Dur aus', sagte er mir.

Und über die „Vierte Symphonie" heißt es:

Das Geigensolo des Scherzos ändert er dahin ab, daß er die Violine um einen Ton höher stimmen läßt und es statt in E-Moll in D-Moll schreibt, damit die Geige schreiend und roh klinge, „wie wenn der Tod aufspielt‘."

*

Die traditionelle „Todestonart" d-Moll nimmt in Mahlers Liedschaffen eine auffallende Stellung ein, und zwar – nicht überraschend – in der Gruppe der „Kriegslieder" aus „Des Knaben Wunderhorn": „Wo die schönen Trompeten blasen", „Lied des Verfolgten im Turm", „Revelge" und „Der Tamboursg'sell" stehen alle in dieser Tonart.

Die Wahl der Grundtonart erzeugt aber nicht nur eine traditionsgemäß abgesicherte Grundstimmung, sondern auch die Gesamtdisposition der Tonarten innerhalb der Lieder steht – ebenfalls traditionsgemäß – ganz im Zeichen der Textinterpretation. Somit kann z. B. eine Progression Moll –> gleichnamiges Dur eine vorübergehende Aufhellung, oder auch bloß nur eine andere, trügerisch positive Seite des dargestellten Objekts verdeutlichen. Gerade diese bewußt herausgestrichene harmonische Polarität spielt im Schaffen Mahlers eine zentrale Rolle, auch – im umgekehrten Fall – als sogenanntes „Dur-Moll-Sigel", grundsätzlich mit negativen Konnotationen – im Sinne von Verdüsterung, Dramatik, Tod – befrachtet (berühmtes Beispiel: „Sechste Symphonie"). Als vorübergehende „Aufhellung" kann es im Gegensatz zur tristen Realität auf eine ersehnte „bessere" Welt hindeuten, ein Ausdruckssymbol, das schon in Werken Franz Schuberts immer wieder anzutreffen ist.[9]

Eine solche Situation ist in dem Lied „Wo die schönen Trompeten blasen" gegeben, das einen Dialog zwischen dem Soldaten und seinem Mädchen imaginiert. Es geht um die (fiktive) letzte Begegnung mit der Geliebten vor dem vorausgeahnten Tod auf der „grünen Haide", dem Schlachtfeld. Schon die Einleitung weist thematisch bezogen scharfe Dissonanzklänge im Sinne der alten musikalisch-rhetorischen Figur des harmonischen „Mißbrauches" („Katachresis") auf.[10] Die Frage des Mädchens, wer vor der Tür stehe, erfolgt in der Grundtonart d-Moll, die überaus kantable Antwort des Soldaten in der gleichnamigen Durtonart. Durch dieses Umkippen entsteht ein eigentümliches Spannungsverhältnis, indem die alte Todestonart in der Vision des Soldaten kurzfristig aufgehellt erscheint – das Bild einer besseren Welt, schöner vergangener Tage. Auch die Gesangspartie des Mädchens in Ges-Dur („Willkommen lieber Knabe mein") führt das Geschehen in eine Tonart, die – im Vergleich mit Liedern von Johannes Brahms oder Alexander Zemlinsky – traditionelle semantische Felder wie tiefste Versunkenheit und auch Schmerz abdeckt.[11] Da die gesamte Szene im Imaginären verbleibt, dient die Disposition der Tonarten überdies dramaturgischen Zwecken: Nicht nur werden die „Rollen" des Soldaten und seines Mädchens transparenter (zusätzlich durch Überschneidungen der musikalischen Gestik), sondern auch die Position des Erzählers in das Geschehen integriert.

*

Das Lied „Revelge", eine Schreckensvision des Krieges von ungemein suggestiver Wirkung, ist prozessual angelegt. Schon die Vortragsangabe „Marschierend. In einem fort" deutet darauf hin; ja die Marschstruktur wird gleichsam über die strophische Grundgliederung gelegt.[12] Demzufolge entspricht auch die harmonisch-formale Disposition diesem unbeirrbaren, zerstörerischen Marschieren in den Tod: „Des Morgens stehen da die Gebeine in Reih' und Glied, sie steh'n wie Leichensteine…" heißt es am Schluß. Folgerichtig ist dieses Vorwärtsschreiten durch eine sukzessive Entfernung von der Grundtonart d-Moll gekennzeichnet. Überdies ist bemerkenswert, daß gegen Ende des Liedes die Moll-Sphären immer mehr überwiegen, oder anders formuliert: eine allgemeine „Verdüsterung" erfolgt.

Zunächst spielt im Lied das semantisch ebenfalls mit Trauer/Schmerz verbundene g-Moll eine gewichtige Rolle, unterbrochen von B- und G-Dur. Die Passage „Ich muß wohl meine Trommel rühren" bringt nur einen kurzen Schwenk nach D-Dur; der tragische Sinnzusammenhang wird durch die sofortige Rückkehr nach d-Moll enthüllt. Die Schlüsselstelle ist am Ende der fünften Strophe erreicht, „in der sich das Grauen des realen Krieges in die infernalische Vision eines Marsches der Toten wendet".[13] Mittels einer kühnen Modulation in das weit entfernte es-Moll (T. 89-97) ist eine Tonart erreicht, der schon um 1800 Schubart „Bangigkeit" und „hinbrütende Verzweiflung" zugesprochen hat. (Überdies ergibt sich zur Grundtonart eine neapolitanische Spannung, die von der Tradition her mit ähnlichen Konnotationen belastet ist.) Über eine weitere mit negativen Ausdrucksgehalten assoziierte Tonart, nämlich fis-Moll, wird wieder die Grundtonart d-Moll erreicht – der lange Marsch führt zu keinem Entrinnen.

Takt	Anzahl der Takte	Zwsp.-takte	Tonart	Text	Mahlers Veränderungen
1-7			d		
8-17	10		d	Des Morgens zwischen drein und vieren Da müssen wir Soldaten marschieren Das Gäßlein auf und ab; Tralali, Tralalei, Tralalera, Mein Schätzel sieht herab.	
18-27	10		g	„Ach, Bruder, jetzt bin ich geschossen, Die Kugel hat mich schwer getroffen, Trag mich in mein Quartier, Tralali, Tralalei, Tralalera, Es ist nicht weit von hier."	schwere, schwer
28-31	4	4	B		
32-47	16		B	„Ach, Bruder, ich kann dich nicht tragen, Die Feinde haben uns geschlagen, Helf dir der liebe Gott;	(wiederholt) (wiederholt)
			g	Tralali, Tralalei, Tralalera, Ich muß marschieren in Tod."	(wiederholt); bis in Tod!
47-56	10	10	G		
57-72	16		G	„Ach Brüder! ihr geht ja vorüber, Als wär es mir schon vorüber (Ihr Lumpenfeind seid da;) 	(wiederholt); ja mir vorüber als wär's mit mir vorbei (ausgelassen)
			g	Tralali, Tralalei, Tralalera, Ihr tretet mir zu nah.	(wiederholt)

Takt	Anzahl der Takte	Zwsp.-takte	Tonart	Text	Mahlers Veränderungen
72-75	4	4	D		
76-89	14		D	Ich muß wohl meine Trommel rühren,	(wohl bei Wiederholung umgestellt)
				Sonst werde ich mich ganz verlieren;	werd' ich mich verlieren
			d	Die Brüder dick gesäet,	(wiederholt)
				Sie liegen wie gemäht."	
89-96	8	8	B/D/d/B/Ges/		
97-108	12		es	Er schlägt die Trommel auf und nieder,	
				Er wecket seine stillen Brüder,	
				Sie schlagen ihren Feind,	sie schlagen *ihn*; (wiederholt)
				Tralali, Tralalei, Tralalera,	
				Ein Schrecken schlägt den Feind.	(wiederholt)
109	1	1	es		
110-127	18		es	Er schlägt die Trommel auf und nieder,	
				(Sie sind vorm Nachtquartier schon wieder)	da sind sie vor dem Nachtquartier schon wieder
			fis	ins Gässlein hell hinaus,	(wiederholt)
				Tralali, Tralalei, Tralalera,	
				Sie ziehn vor Schätzels Haus.	Schatzeleins
127-153	13+14	13+14	fis/D/d		
154-169	16		d	(Da stehen morgens die Gebeine)	Des morgens stehen da die Gebeine
				In Reih und Glied wie Leichensteine	(wiederholt) sie stehn
				Die Trommel steht voran,	(wiederholt)
				Tralali, Tralalei, Tralalera,	
				Daß sie ihn sehen kann.	(wiederholt)
170-171	2	2	d		

„Revelge", Gesamtdisposition (nach Susanne Vill, „Vermittlungsformen verbalisierter und musikalischer Inhalte in der Musik Gustav Mahlers". Tutzing 1979)

Das „Lied des Verfolgten im Turm" mit dem zentralen Thema der Gedankenfreiheit weist zwar eine Dialogstruktur auf (Gefangener – Mädchen), nur stehen darin die beiden Welten gleichsam unversöhnlich, unüberbrückbar nebeneinander. Während der Gefangene im Kerker fortschreitend aus wechselnder Perspektive heraus die Freiheit der Gedanken proklamiert, bilden die Mädchen-Strophen dazu Idyllen, drastische Gegenbilder zur tragischen Realität. Diese Idyllen bleiben dem Gefangenen allerdings verschlossen.

Auch hier tritt wiederum die bereits angesprochene Polarität Moll / Dur hervor: Die idyllischen Bilder des Mädchens sind in Dur getaucht, das Aufbegehren des Gefangenen in Moll (d-Moll, g-Moll) – mit einer einzigen Ausnahme: Die dritte Strophe des trotzigen Widerspruches („So sei's wie es sei") erscheint in C-Dur.

Alte Tonartensymbolik in Mahlers Liedschaffen?

LIED DES VERFOLGTEN IM TURM

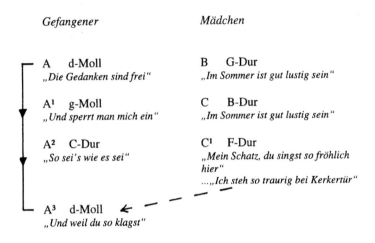

Gefangener　　　　　　　　*Mädchen*

A　d-Moll　　　　　　　　B　G-Dur
„Die Gedanken sind frei"　　„Im Sommer ist gut lustig sein"

A¹　g-Moll　　　　　　　　C　B-Dur
„Und sperrt man mich ein"　„Im Sommer ist gut lustig sein"

A²　C-Dur　　　　　　　　C¹　F-Dur
„So sei's wie es sei"　　　　„Mein Schatz, du singst so fröhlich hier"
　　　　　　　　　　　　　...„Ich steh so traurig bei Kerkertür"

A³　d-Moll
„Und weil du so klagst"

Die Tonartendisposition des Liedes zeigt deutlich die getrennten Sphären der Figuren. Und erst am Schluß – just an jenem Punkt, an dem sich das Mädchen erstmals direkt an den Gefangenen wendet, aber die unüberbrückbare Gegensätzlichkeit besiegelt erscheint, erfolgt eine Annäherung auf tonaler Ebene, denn der Gesang des Mädchens erreicht hier die Tonika d-Moll. „Die letzte Strophe ist so konzipiert, daß die äußerliche Unfreiheit durch die Freiheit der Gedanken umso mehr überwunden scheint, indem der Gefangene durch den Verzicht auf seine Geliebte auch die letzte Fessel an ein reales Glück von sich streift, um ‚im Herzen stets lachen und scherzen' zu können".[14]

Aber noch weitere harmonische Zeichen beziehen sich auf die tragische Situation. So fungieren das zum Septakkord „deformierte" Fanfarenmotiv und die abwärts gerichtete, chromatische Linienführung als semantische Ausdrucksträger. Ebenso ist der in Takt 8 situierte H-Dur-Akkord, der nicht in den regulären funktionsharmonischen Zusammenhang paßt, semantisch zu interpretieren – an anderen Stellen in Mahlers Werk ist er ebenfalls tragisch besetzt –, nämlich als Repräsentant für eine Haltung, die für Gedankenfreiheit selbst den Tod in Kauf nimmt.[15]

(Gustav Mahler, „Kritische Gesamtausgabe", Bd. 13/2b)

*

Abschließend soll noch ein Blick auf die in der Tradition des lyrischen Liederzyklus stehenden „Lieder eines fahrenden Gesellen" geworfen werden, zu denen der Komponist – autobiographisch beeinflußt – selbst die Texte (in Anlehnung an vorhandene Volkslieder) verfaßt hat. Das lyrische Ich ist ein von der Geliebten Verlassener, ein „fahrender Geselle", der in die Welt hinaus wandert. Die vier Lieder sind auf unterschiedlichen Zeitebenen angesiedelt; die Sphären Traum – Realität, Erwartung – Erinnerung erscheinen zentral.

Auf die Vorstellung der Hochzeit der Geliebten mit einem anderen („Wenn mein Schatz Hochzeit macht") folgt als Kontrast im zweiten Lied ein Naturbild („Ging heut' morgen über's Feld"), ein Spaziergang in der weiten, freien Natur mit Illusionen eines glücklichen Endes, bei dem aber doch deutlich die „schöne Welt" in Frage gestellt wird („Wird's nicht eine schöne Welt?"). Der dramatische Umschlagpunkt folgt im dritten Lied („Ich hab' ein glühend Messer"), in dem – sprachlich im Präsens – vollends die triste Realität in ungeheurer Dramatik hervorbricht. Das letzte Lied („Die zwei blauen Augen von meinem Schatz") erfüllt die Funktion eines Epilogs; aus zeitlicher Distanz heraus wird für das lyrische Ich immer mehr eine konfliktfreie Traumwelt bedeutsam.

Für unsere Themenstellung bemerkenswert ist der Umstand, daß Mahler in den beiden vorhandenen Manuskripten die Tonartendisposition auffällig verändert hat. Aus der ursprünglichen Abfolge

d-Moll / Des-Dur / h-Moll / e-Moll

ist

d-Moll / D-Dur / d-Moll / e-Moll

geworden.[16] Dies heißt also, daß der Komponist die Tonartendisposition auf die D-Achse – mit Zentrum d-Moll – konzentriert und damit die Semantik verdeutlicht hat.

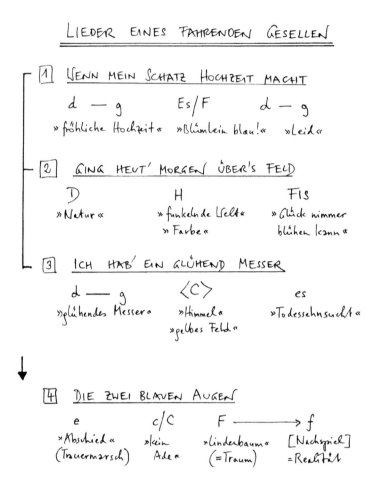

Der Zyklus ist so konzipiert, daß alle Lieder „offen" angelegt sind, d. h. sich stetig vom Ausgangspunkt in dünklere Lagen entfernen (besonders markant Nr. 3: d-Moll –> es-Moll). Auch dem trügerisch positiven Bild in Nr. 2 ist von der tonalen Disposition her entsprochen: Die Entfernung nach H-Dur und Fis-Dur entlarvt die Natur-Idylle. Schon im ersten Lied sind die Worte „Ach wie ist die Welt so schön" in Moll erklungen.

Immer wieder stehen Tonarten für Farb- und Helligkeitswerte. Ein schönes Beispiel ist dafür ist der Mittelteil des ersten Liedes („Blümlein blau!"). Das Naturbild ist u. a. durch Dur-Tonarten und helle Klangfarben (Glockenspiel) gekennzeichnet.[17] Im dritten Lied wiederum erscheint das C-Dur zu Reizworten „Himmel" und „gelbes Feld" geradezu synästhetisch motiviert.

Die anfängliche tonale Symmetrie (Nr. 1: Rahmenteile d-Moll / g-Moll), die am Umschlagpunkt Nr. 3 zu Beginn „zitiert" wird, geht zusehends in weitgespannte Progressionen auf (wohl auch als Symbol eines tonalen „Wanderns", Entfernens). Gegen Ende des Zyklus überwiegen chromatische Beziehungen (Nr. 3: d-Moll –> es-Moll „Todessehnsucht", Beginn von Nr. 4: e-Moll, Ende f-Moll), ebenfalls von der Tradition her bekannte Ausdrucksträger für Leid und Schmerz.

Der Epilog-Charakter des letzten Liedes wird deutlich durch die Rückung nach e-Moll („Trauermarsch") evoziert, denn damit ist endgültig die D-Achse verlassen. (Dennoch existiert aber eine chromatische „Brücke".) Auch in diesem letzten Lied erscheint eine trügerische Idylle: Die lyrische „Lindenbaum"-Episode ist als Traumwelt des Wandernden in F-Dur getaucht, ehe jedoch unerbittlich die Realität in f-Moll (Dur-Moll-Sigel) hereinbricht.

Anmerkungen

1) Roberto Cotroneo, „Die verlorene Partitur". Frankfurt/Main 1999, S. 63.
2) Christian Friedrich Daniel Schubart, „Ideen zu einer Ästhetik der Tonkunst". 2. Nachdruck der Ausgabe Wien 1806. Hrsg. Fritz und Margrit Kaiser. Hildesheim 1990, S. 377-380.
3) Zit. nach Paul Mies, „Der Charakter der Tonarten. Eine Untersuchung." Köln und Krefeld 1948, S. 108 f.
4) Zit. nach Robert Schumann, Gesammelte Schriften über Musik und Musiker. Eine Auswahl. Hrsg. Herbert Schulze. Wiesbaden o. J., S. 64 f.

5) In: „Ueber Musik" in: „Magazin der Musik" Hamburg 1783. – Weitere Beschreibungen u. a. in Johann Georg Sulzers „Allgemeiner Theorie der Schönen Künste" (Leipzig 1771/74) und in Johann Philipp Kirnbergers „Kunst des reinen Satzes" (Berlin 1771/79; Nachdruck Hildesheim 1968) sowie zeitlich jünger in Richard Hennigs „Charakteristik der Tonarten. Historisch, kritisch und statistisch untersucht vom psycho-physiologischen und musikalischen Standpunkt aus" (Berlin o. J. [1896]); allgemein zur Problematik siehe auch Wolfgang Auhagen, „Studien zur Tonartencharakteristik in theoretischen Schriften und Kompositionen vom späten 17. Jahrhundert bis zum Beginn des 20. Jahrhunderts". (Europäische Hochschulschriften 36/6). Frankfurt/Main 1983.
6) In: Das Neu-Eröffnete Orchester. Hamburg 1713.
7) Dazu Johann Georg Neidhart, „Gänzlich erschöpfte mathematische Abtheilung des diatonisch-chromatischen temperirten Canonis monochordi". Königsberg und Leipzig 1732.
8) „Gustav Mahler in den Erinnerungen von Natalie Bauer-Lechner". Hrsg. Herbert Killian. Hamburg 1984, S. 27, Folgezitate S. 138, 66, 179.
9) Siehe dazu Constantin Floros, „Gustav Mahler II. Mahler und die Symphonik des 19. Jahrhunderts in neuer Deutung". Wiesbaden 1977, S. 289 ff.
10) Näher dazu Elisabeth Schmierer, „Die Orchesterlieder Gustav Mahlers". (Kieler Schriften zur Musikwissenschaft 38). Kassel 1991, S. 134 f.
11) Zum Ausdrucksgehalt von Ges-Dur um 1900 siehe Hartmut Krones, „Tonale und harmonische Semantik im Liedschaffen Alexander Zemlinskys", in: „Alexander Zemlinsky. Ästhetik, Stil und Umfeld". (Wiener Schriften zur Stilkunde und Aufführungspraxis, Sonderband 1). Hrsg. Hartmut Krones. Wien-Köln-Weimar 1995, S. 169 f.
12) Näher dazu Peter Revers, „Mahlers Lieder. Ein musikalischer Werkführer". München 2000, S. 91.
13) Ebenda.
14) Schmierer (siehe Anm. 10) S. 137; dazu auch Renate Hilmar-Voit, „Im Wunderhorn-Ton. Gustav Mahlers sprachliches Kompositionsmaterial bis 1900". Tutzing 1988, S. 219.
15) Siehe dazu auch Schmierer (siehe Anm. 10) S. 141 f. – Zum überlieferten semantischen Gehalt von H-Dur z. B. Schubart (siehe Anm. 2), im vorliegenden Beitrag eingangs zitiert.

16) Siehe dazu den Revisionsbericht von Zoltan Roman in: Gustav Mahler, „Lieder eines fahrenden Gesellen" für eine Singstimme mit Orchester. (Kritische Gesamtausgabe. Hrsg. Internationale Gustav Mahler Gesellschaft. Band 14/Teilband 1). Wien 1982.
17) Dazu auch Constantin Floros, „Gustav Mahler. Visionär und Despot. Porträt einer Persönlichkeit". Zürich-Hamburg 1998, S. 186.

Herausgeber, Autorinnen und Autoren

FRIEDBERT ASPETSBERGER, geb. 1939, o. Professor an der Universität Klagenfurt (Germanistik), derzeit Dekan der Kulturwissenschaftlichen Fakultät. Bücher zu Hölderlin, zum Austrofaschismus, zum Historismus, zu Arnolt Bronnen, zu Gender Studies; zahlreiche Artikel und Sammelbände zur Literatur des 20. Jhdts., Herausgeber bzw. Mitherausgeber der Werke Bronnens und Musils.

ALBERT BERGER, geb. 1943, Studium der Germanistik, Geschichte, Philosophie in Wien. Seit 1979 o. Professor für Neuere deutsche Literatur an der Universität Klagenfurt. – Publikationen: *Dunkelheit und Sprachkunst. Studien zur Leistung der Sprache in den Gedichten Georg Trakls* (Wien 1971; Diss. Wien 1968). – *Ästhetik und Bildungsroman. Goethes Wilhelm Meisters Lehrjahre* (Wien 1977). – *Josef Weinheber 1892-1945. Leben und Werk* (Salzburg 1999). – Aufsätze zur deutschen und österreichischen Literatur (vorwiegend 20. Jahrhundert), zur Literaturtheorie und Literaturdidaktik.

HERTA BLAUKOPF, geb. 1924, Studium der Germanistik an der Universität Wien, Dissertation über Arthur Schnitzler. Mitarbeit in mehreren Verlagshäusern, darunter bei der Universal-Edition. Seit 1959 eigene Mahler-Forschung mit zahlreiche Publikationen über Mahler und zu literaturwissenschaftlichen Themen: Gustav Mahler – Richard Strauss. Briefwechsel 1888-1911, München 1980 (Neuausgabe Wien 1982). – Gustav Mahler. Unbekannte Briefe, Wien 1983. – Analysen zu Mahler und die deutsche Romatik, zur Sprache Mahlers, zu *Jean Paul, Mahlers erste Symphonie und Dostojewski*, zu Mahler und die Universität, zum *Klavier in Geschichte und Gegenwart* usw. – Gemeinsam mit Kurt Blaukopf: Die Wiener Philharmoniker, Wien 1986. – Gustav Mahler. Leben und Werk in Zeugnissen der Zeit, Stuttgart 1993.

GERDA FRÖHLICH, geb. 1943, Studium der Theaterwissenschaften an der Universität Wien (Dr. phil.), daneben praktische Theaterarbeiten (Regieassistenz, Inspizienz, Dramaturgie). Ab 1969 Mitarbeit bei Planung und Konzeption des Festspiels in Ossiach. 1980 Bestellung zur Intendantin (Geschäftsführung mit künstlerischer und organisatorischer Alleinverantwortung). Im Rahmen der Intendantentätigkeit auch vielfältige künstlerische Mitarbeit, so bei Textgestaltungen und Libretti für Musiktheater-Auftragswerke. 1987-1990 Lehrauftrag „Festspielmanagement" an der Universität für Musik und darstellende Kunst in Wien. Persönliche Auszeichnungen u. a.: 1986 Kulturpreis des Landes Kärnten, 1993 Großes Goldenes Ehrenzeichen des Landes Kärnten, 1994 Berufstitel Professorin, 1995 Ehrendoktorat der Universität Klagenfurt.

HARALD HASLMAYR, geb. 1965, Studium der Geschichte und Deutschen Philologie in Graz, 1994 Promotion, seit 1991 Lehrbeauftragter, seit 2001 Assistenzprofessor am Institut für Wertungsforschung an der Universität für Musik und darstellende Kunst Graz; Lehrbeauftragter am Institut für Österreichische Geschichte an der Karl-Franzens-Universität Graz. Buchpublikationen: *Die Zeit ohne Eigenschaften. Geschichtsphilosphie und Modernebegriff im Werk Robert Musils*, Wien 1997; *Joseph Haydn. Werk und Leben*, Wien 1999.

WILHELM W. HEMECKER, Studium der Philosophie, Germanistik und Theologie (Mag. Dr. phil.); 1990 Post-Doktorats-Fellow des German Historical Institute in London; 1990-1993 am Deutschen Literaturarchiv in Marbach/Neckar; 1993-1996 Assistent am Institut für Germanistik in Wien, nebenberuflich Autographen-Experte des Auktionshauses Dorotheum; seit 1997 Mitarbeiter des Österreichischen Literaturarchivs. Seit 1986 Lehrtätigkeit an in- und ausländischen Universitäten. Buchpublikationen zu S. Freud, R. M. Rilke, M. Lichnowsky; Herausgeber von Sammelbänden zu Manès Sperber und zum Thema

„Handschrift"; Herausgeber der Reihe „Bibliothek Gutenberg" im Verlag Leykam; zahlreiche Aufsätze zur Geschichte der Psychoanalyse und zur Literatur des 20. Jahrhunderts.

REINHOLD KUBIK, musikalische Ausbildung in Wien (Klavier, Komposition, Kapellmeisterklasse bei Hans Swarowsky). 1965-74 Korrepetitor und Kapellmeister an der Deutschen Oper am Rhein. 1974-80 Studium der Musikwissenschaft, Kunstgeschichte, Theaterwissenschaft in Erlangen/Nürnberg, Promotion über Händels Oper *Rinaldo*. Daneben umfangreiche Konzerttätigkeit als Pianist und Liedbegleiter. 1980-97 in leitenden Positionen im Musikverlagswesen. Musikalischer Leiter des Ensembles L'AZIONE TEATRALE. Publikationen: seit 1992 Editionsleiter der Kritischen Gesamtausgabe der Werke Gustav Mahlers. – 1998-2000 „performance edition" sämtlicher Kirchenkantaten Bachs für Sir John Eliot Gardiners Projekt „Beach Cantata Pilgrimage". – Zahlreiche Studien zu Mahler, Händel, zu Grundprinzipien barocker Gestaltung usw.

ERICH WOLFGANG PARTSCH, geb. 1959, Dr. phil., lebt in Wien. Vizepräsident der Internationalen Gustav Mahler Gesellschaft, Mitarbeiter des Anton Bruckner Instituts, Konzeption mehrerer Ausstellungen (u. a. Die Ära Gustav Mahler, Wien 1997). Publikationen: Schubert - der Fortschrittliche? (Hrsg. und Mitautor, 1989); Bruckner - skizziert (mit R. Grasberger, 2. Aufl. 1996); Karl Scheit (1993); Benedict Randhartinger (mit A. G. Trimmel, 1995); Gustav Mahler. Werk und Wirken (1996); Gustav Mahler in Klagenfurt (Festvortrag, 1997). Derzeit rund 60 Aufsätze zur Musikgeschichte des 19. und frühen 20. Jahrhunderts.

ARNO RUSS EGGER, geb. 1959, Ass. Professor am Musil-Institut der Universität Klagenfurt. Zahlreiche Publikationen zur Österreichische Literatur seit 1900, zu Film und Literatur, zur Editionstheorie und zur Kinder- und Jugendliteratur. Bücher: Kinema mundi. Studien zur

Theorie des „Bildes" bei Robert Musil, 1996. – Herausgeber (gem. mit Johann Strutz) zweier Bücher über Christine Lavant: Die Bilderschrift Christine Lavants. Studien zur Lyrik, Prosa, Rezeption und Übersetzung, 1995, und: Profile einer Dichterin. Beiträge des II. Internationalen Christine-Lavant-Symposions Wolfsberg 1998, 1999. Rezensionen unter

Dr. Renate Stark-Voit, geb. in München. Studium der Musikwissenschaft, Germanistik und Romanistik in München, Graz und Wien. 1988 Promotion über Mahler in Wien (Drucklegung der Diss. unter dem Titel „Im Wunderhorn-Ton", Tutzing 1988). Freie Forschungstätigkeit über Schubert, Schumann und Mahler, zahlreiche Aufsätze und Vorträge. Zusammenarbeit mit Interpreten, vor allem Kammer Sänger Thomas Hampson. Diverse Projekte und Publikationen: Herausgeberin der *Wunderhornlieder* in der Kritischen Gesamtausgabe der Werke Gustav Mahlers (Wien 1993 und 1998). – Gründung eines eigenen wissenschaftlichen Satzbüros („*forte* Schöne Texte und Notengraphik", zusammen mit Thomas Stark). Derzeit Neu-Edition der *Zweiten Symphonie* von Gustav Mahler im Auftrag der Kaplan Foundation, New York, in Zusammenarbeit mit der IGMG und der Universal Edition, Wien.